GUIDA COMPLETA ALL'UNCINETTO

❧ 2 Libri in 1 ❧

Uncinetto per Principianti con Chiare Spiegazioni e Illustrazioni + Un Manuale per Creare i Tuoi Capi Preferiti con 25 Idee da Realizzare.

RACHEL MULLINS

Se vuoi creare qualcosa con le tue mani...
"Guida Completa all'Uncinetto" è quel che fa per te!

Potrai abbellire la tua casa e il tuo guardaroba con pezzi all'uncinetto personalizzati!

La prima parte del libro è dedicata alla descrizione dei punti base e tutto ciò di cui hai bisogno per imparare l'uncinetto...

...nell'altra, potrai creare i tuoi pezzi all'uncinetto da zero, dandoti la libertà di canalizzare il tuo artista interiore.

Copyright - 2021 - Rachel Mullins

Tutti i diritti riservati.

Il contenuto di questo libro non può essere riprodotto, duplicato o trasmesso senza l'autorizzazione scritta diretta dell'autore o dell'editore. In nessun caso verrà attribuita alcuna responsabilità o responsabilità legale contro l'editore o l'autore per eventuali danni, riparazioni o perdite monetarie dovute alle informazioni contenute in questo libro, direttamente o indirettamente.

Avviso legale

Questo libro è protetto da copyright. Questo libro è solo per uso personale. Non è possibile modificare, distribuire, vendere, utilizzare, citare o parafrasare qualsiasi parte o il contenuto di questo libro, senza il consenso dell'autore o dell'editore.

Avviso di non responsabilità

Si noti che le informazioni contenute in questo documento sono solo a scopo educativo e di intrattenimento. È stato compiuto ogni sforzo per presentare informazioni accurate, aggiornate e affidabili e complete. Nessuna garanzia di alcun tipo viene dichiarata o implicita. I lettori riconoscono che l'autore non è impegnato nella fornitura di consulenza legale, finanziaria, medica o professionale. Il contenuto di questo libro è stato derivato da varie fonti. Si prega di consultare un professionista autorizzato prima di tentare qualsiasi tecnica descritta in questo libro. Leggendo questo documento, il lettore conviene che l'autore non è in alcun caso responsabile per eventuali perdite, dirette o indirette, derivanti dall'uso delle informazioni contenute nel presente documento, inclusi, a titolo esemplificativo, errori, omissioni o inesattezze

Indice

Uncinetto Per Principianti 9

Introduzione 10

Capitolo 1 13

   Che cos'è l'uncinetto? 13

Capitolo 2 21

   I punti dell'uncinetto 21

Capitolo 3 33

   Terminologia e abbreviazioni: come leggere gli schemi grafici
.... 33

Capitolo 4 43

   Strumenti e materiali 43

Capitolo 5 52

   Punti decorativi, suggerimenti e consigli 52

Capitolo 6 79

   Progetti all'uncinetto per principianti 79

Capitolo 7 116
Conservazione degli strumenti e delle creazioni a uncinetto 116

Conclusioni 119

❧ ❧ ❧

Uncinetto Facile 123

Introduzione 125

Capitolo 1 127
Punti decorativi 127

Capitolo 2 129
Terminologia e abbreviazioni: come leggere gli schemi grafici 129

Capitolo 3 133
Strumenti e materiali 133

Capitolo 4 136
Progetto # 1 - Giostrina 136

Progetto # 2 - Astuccio fantasia 147

Progetto # 3 Cestino fantasia 150

Progetto # 4 Cuscino Decorativo 157

Progetto # 5 Fascia per la testa 164

Progetto # 6 Coprispalle Tiffany 167

Progetto # 7 Maglia Farfalla 171

Progetto # 8 Sciarpa Panda 177

Progetto # 9 Cesta per vaso 185

Progetto # 10 Cuscino Arcobaleno 188

Progetto # 11 Kefiah Lilla 193

Progetto #12 Black and white 195

Progetto # 13 Tappetino Rotondo 199

Progetto #14 Cappellino e Manicotti 204

Progetto # 15 Scialle 208

Progetto #16 Rabbit- Copertina delle Coccole 213

Progetto # 17 Borsa da Spiaggia 220

Progetto # 18 Copertina Baby 230

Progetto #19 Berrettino fantasioso 233

Progetto #20 Zainetto... 237

Progetto #21 Top per bambina............................ 244

Progetto #22 Scalda mani..................................... 250

Progetto #23 Pareo... 255

Progetto #24 Cappelli per Lady........................... 258

Progetto #25 Borsa da spiaggia........................... 263

Conclusioni 265

Uncinetto Per Principianti

❁ ❁ ❁

Una guida completa e illustrata per acquisire le basi e realizzare i propri progetti. Mettetevi alla prova sin da subito con i punti e i modelli spiegati passo passo.

Rachel Mullins

Introduzione

Al giorno d'oggi, e specialmente negli ultimi anni è tornata in voga una tradizione vecchia, ma da tanti sempre ritenuta originale e divertente: l'arte dell'uncinetto.

Si tratta di una tecnica consistente nell'utilizzo di due soli elementi: un bastoncino metallico, la cui estremità termina con un uncino, e un gomitolo di filato.

L'arte dell'uncinetto possiede una serie di vantaggi da non sottovalutare: oltre a darti un grande senso di soddisfazione a progetto finito, l'uncinetto possiede uno scopo terapeutico.

Che significa?

L'uncinetto, in altre parole, si traduce in pazienza, costanza e concentrazione: questi tre elementi fanno in modo che la tua attenzione si focalizzi esclusivamente sul lavoro, lasciando da parte per qualche ora i pensieri che turbano generalmente la tua giornata.

Se hai deciso di acquistare questa guida significa che, probabilmente, ti stai affacciando al mondo dell'uncinetto per la prima volta. Se hai il dubbio se iniziare o meno questa tecnica per possibili difficoltà, non temere: all'interno del manuale troverai tutte le informazioni di cui hai bisogno.

La prima parte consisterà nella spiegazione dell'arte dell'uncinetto, le sue origini ed evoluzioni, per darti un'infarinatura generale.
Successivamente un capitolo sarà dedicata all'utilizzo degli uncinetti e dei filati giusti, i loro vantaggi e svantaggi, caratteristiche e tanto altro ancora; in questo modo sarai in grado di stabilire quale filato si adatta maggiormente alle tue preferenze e, soprattutto alle tue capacità.

La seconda parte del libro è invece dedicata alla descrizione dei punti decorativi. Con punti decorativi si intende una serie di tecniche che vanno oltre ai punti base, che imparerai dopo aver acquisito un po' di manualità in più durante la lavorazione. Queste tecniche ti consentiranno non solo di accedere a una più ampia gamma di progetti, ma soprattutto di aggiungere delle decorazioni personalizzate che renderanno i tuoi capi ancora più originali. Tra i punti decorativi descritti un paragrafo sarà dedicato al punto tunisino, famoso sia per la sua semplicità, sia per le innumerevoli creazioni colorate che ti consente di realizzare.

Poiché si tratta di un manuale per principianti, troverai dei paragrafi consistenti in una serie di suggerimenti che troverai particolarmente utili durante la creazione, poiché ti consentiranno di agevolare il lavoro.
La parte finale del libro sarà invece dedicata a un elenco consistente in una serie di progetti che potrai scegliere di realizzare come più ti piace; son progetti semplici e originali, basati nella maggior parte dei casi sull'utilizzo di punti base fondamentali. In questo modo, ti basterà aver memorizzato i

passaggi per le basi dell'uncinetto, e potrai subito sbizzarrirti con le tue creazioni!

Tra i progetti sono presenti sia elementi decorativi, quali pesci porta-sapone e bottoni, sia scalda collo e copertine, nel caso in cui voglia dedicare le tue creazioni a dei regali per i tuoi amici, o per scaldarti durante l'inverno!

Al termine di questo manuale ti renderai conto che l'arte dell'uncinetto è più facile di quanto si pensi, e che soprattutto si basa su pazienza, costanza e voglia di mettersi in gioco; inoltre, il fascino dell'handmade non ha paragoni, poiché ti donerà una soddisfazione impagabile.

Capitolo 1

Che cos'è l'uncinetto?

Origini e evoluzioni

L'uncinetto, o *crochet* (il suo corrispettivo francese) è una tecnica di lavorazione dei tessuti, principalmente lana e cotone, che si compone di due principali elementi: l'uncinetto, uno strumento metallico lungo circa 20 cm la cui estremità termina con un uncino, e il filato.
Si tratta di un hobby divertente e rilassante dalle origini antichissime, tornato di moda negli ultimi anni grazie alle sue molteplici funzioni: questa tecnica ti consente infatti di creare capi d'abbigliamento delle tipologie più svariate come cappelli, sciarpe maglioni, e non solo; grazie a questa particolare lavorazione potrai realizzare tantissime creazioni decorative per la casa quali pizzi e centrini.
Se sei un principiante e ti stai affacciando per la prima volta al mondo dell'uncinetto, non temere: questa guida ti fornirà tutti gli elementi necessari a dar vita alle tue creazioni nel modo più semplice, passo dopo passo.
La lavorazione dei tessuti con questa tecnica può risultare complessa; tuttavia, una volta compreso il funzionamento, il resto della lavorazione sarà in discesa. Si tratta di una tecnica costituita

da movimenti precisi, ma soprattutto ripetitivi, quindi il trucco sta nella comprensione del principio.

Sfortunatamente, al giorno d'oggi possediamo scarse informazioni sull'esatta provenienza geografica dell'arte dell'uncinetto. Si dice che inizialmente non fosse neanche presente un vero e proprio uncino, ma che la lavorazione avvenisse a mano, precisamente con le dita: si utilizzava un dito per formare un piccolo cappio e riprendere successivamente i punti. Gli studiosi sostengono inoltre che i primi esemplari di uncinetto non erano in acciaio come quelli moderni, bensì in osso, avorio o bambù. In base alle testimonianze ricevute, i primi ritrovamenti appartenenti a questa lavorazione risalgono probabilmente alla cultura araba, per poi recuperare altri materiali da ogni parte del mondo tra cui Cina, Africa e Turchia Si dice inoltre che l'ideatrice di questa lavorazione fosse una suora con una particolare passione per i filati e i gomitoli; infatti, all'interno delle chiese la tecnica dell'uncinetto era utilizzata per realizzare pregiate decorazioni dedicate ai paramenti sacri.
La conclusione a cui sono giunte diverse fonti vede un possibile scambio tra la penisola araba e l'Europa, elemento che ha fatto sì che l'uncinetto giungesse ad altre nazioni del Mediterraneo, tra cui la Spagna.

Tuttavia, la spinta definitiva nella diffusione dell'arte dell'uncinetto fu favorita da Eleonore Riego de la Blanchardière, una signora francese che rimase colpita dalla delicata arte delle suore di un convento di Dublino, e decise di approfondirla. Fu così che scrisse dell'uncinetto nella sua rivista e pubblicò successivamente ben 11 libri dedicati a schemi dettagliati sulla conversione da pizzo a ago e merletto a tombolo dell'uncinetto. Per tale motivo, alla signora francese si attribuì l'invenzione del pizzo d'Irlanda, che rappresentò un ottimo sostentamento all'economia irlandese dopo la carestia del 1848. Fu così che la moglie del parroco della chiesa di Clones avviò un'attività domestica basata sull'uncinetto dedicata alle donne, favorendo la creazione del "pizzo di Clones", in voga ancora oggi.

Nozioni fondamentali e consigli

Ciò che troverai in questo paragrafo sembrerà scontato, ma non lo è.
Specialmente se questa è la tua prima volta con l'uncinetto, è fondamentale che tenga a mente una serie di suggerimenti, che elencheremo di seguito.

Come tenere il filo

Generalmente, il filo si tiene con la mano sinistra (a meno che tu non sia mancina), tra il pollice e l'indice, facendo in modo che le altre dita stiano al di sotto. Tuttavia, non esiste un modo "esatto" con cui tenere il filo; con un po' di esercizio, la gestualità verrà da sé.

L'aspetto fondamentale da considerare è fare in modo che il filo risulti scorrevole, e che sia sottoposto alla corretta tensione: non deve risultare troppo stretto, né troppo allentato. Per fare in modo che ciò avvenga, dai un'occhiata all'uncinetto mentre ti appresti ad iniziare: noterai che il filo tende a restringersi verso l'interno man mano che ci si avvicina all'uncino. Di conseguenza, lo spessore varia: più ci si allontana dall'uncino, più il filo risulterà allentato; se le catenelle salgono vicino all'uncino, saranno più facili da lavorare e il risultato sarà più morbido. Se invece lavori vicino al gancio, le catenelle risulteranno più strette, di conseguenza i punti, e quindi la trama stessa sarà più stretta.

Tieni presente che la tensione dell'uncinetto avrà sempre delle conseguenze sulla creazione su cui ti stai cimentando, discorso che vale in particolare per l'abbigliamento. Infatti, maggiore sarà la pressione esercitata, più il filo sarà sottile, più piccolo risulterà il capo e viceversa.
Se non vuoi correre dei rischi sull'abbigliamento, non riuscendo ad esempio a rispettare la dimensione a cui miravi, opta per una lavorazione in cui la tensione non produce particolari conseguenze, come uno scialle.

Come tenere l'uncinetto

L'uncinetto si tiene tra il pollice e l'indice della mano destra ma, anche in questo caso, adotta la gestualità che ti viene spontanea: l'importante è che l'uncino si trovi nella posizione ideale per "acchiappare" il filo.
Inoltre, esistono due impugnature per l'utilizzo dell'uncinetto: una, come detto precedentemente, tra pollice e indice, e l'altra cosiddetta a "ferro da calza": in questo caso l'uncinetto risulta trattenuto nel pugno della mano destra.

Come iniziare il lavoro

Per l'inizio del lavoro, la maggior parte delle volte si deve prima di tutto creare un nodo, all'interno del quale devi inserire l'uncinetto; in alcuni casi, si crea invece l'anello magico (troverai la spiegazione di quest'ultimo in seguito).
I metodi di inizio del lavoro sono soggettivi: c'è chi prima crea un nodo, e poi inserisce l'uncinetto, e chi invece crea il nodo con l'uncinetto stesso; la prima tecnica è tipica di chi è solito lavorare a maglia.
È molto semplice: posiziona l'uncinetto sopra il filo, esercita un po' di pressione per farlo passare al di sotto del filo, e ruotalo; in tal modo, avrai ottenuto un cerchio intorno all'uncinetto. Successivamente prendi un po' di filo e fallo passare all'interno dell'uncinetto: il gioco è fatto!
Adesso, non ti resta che iniziare il progetto vero e proprio della lavorazione che hai in mente.

9 buoni motivi per imparare l'arte dell'uncinetto

Se hai deciso di immergerti in questo manuale, mi sento di consigliarti una serie di motivi per cui imparare l'arte dell'uncinetto potrebbe essere la cosa migliore per te.

1. **Porta l'uncinetto dove vuoi.** Il vantaggio di questa tecnica sta nell'utilizzo di pochi strumenti: qualche gomitolo di lana e, ovviamente, l'uncino. Queste caratteristiche ti consentono di poter mettere il materiale nella tua borsa e tirarlo fuori in qualsiasi momento: in

spiaggia, in un parco, nella sala d'attesa del tuo medico, e così via.

2. **Versatilità.** La tecnica dell'uncinetto ti consente di dare libero sfogo alla tua fantasia. Potrai scegliere tra tantissimi lavori differenti: decorazioni per la casa, pupazzi, abbigliamento per bambini, capi invernali, e tanto altro ancora.

3. **Il fascino handmade.** Con i tempi che corrono, e grazie al sempre maggiore sviluppo della tecnologia, le lavorazioni a mano sono decisamente meno numerose rispetto al passato. Tuttavia, acquisire dimestichezza con l'uncinetto ti consentirà di risolvere tantissimi problemi: se dovessi avere bisogno di un cappello, una sciarpa o uno scialle, potrai crearlo da te. Oltre a risultare estremamente utile, la soddisfazione di aver creato un oggetto con le tue sole mani sarà impagabile.

4. **Spesa contenuta.** Lavorare all'uncinetto richiede l'utilizzo di pochi materiali, ed è possibile acquistare questi ultimi sul mercato a dei prezzi davvero contenuti. Potrai scegliere tu, in un futuro, se spendere qualcosa in più per un gomitolo di filato più pregiato, o per un uncinetto particolare.

5. **Lavoro all'uncinetto come professione.** Nonostante si tratti di una strada non proprio semplice da percorrere, se l'uncinetto dovesse diventare una tua passione, potresti scegliere di renderlo una professione. Al giorno d'oggi, sono sempre più numerose le persone che hanno reso l'uncinetto un'attività attraverso la pubblicazione di tutorial, libri, vendita di materiali e così via.

6. **L'uncinetto come strumento per socializzare.** Grazie alla sempre più ampia diffusione dei social network, è possibile trovare, soprattutto su Facebook dei gruppi dedicati alle appassionate di uncinetto. In questo modo potrai sia fare nuove amicizie, sia chiedere dei consigli sulla lavorazione e condividere idee alternative sulle tue lavorazioni.
7. **È tornato di moda.** Rispetto a qualche tempo fa, l'uncinetto è tornato in auge: ciò significa che non è più considerato come un hobby arretrato e da "nonne", ma tutt'altro: le persone che vogliono imparare la tecnica, ora considerata trendy sono sempre di più. Inoltre, alcuni capi d'abbigliamento lavorati all'uncinetto sono giunti fino alla passerelle, tant'è che alcuni personaggi di spicco hanno deciso di fare dell'uncinetto il loro hobby.
8. **Strumento terapeutico.** Sembrerà futile, ma l'uncinetto ha un ottimo effetto rilassante. Essendo una tecnica che richiede concentrazione, fa sì che focalizzi la tua attenzione esclusivamente sul lavoro, lasciando da parte per qualche ora i pensieri che normalmente ti turbano. È, per tale motivo spesso consigliato per rilassarsi e per migliorare l'umore.
9. **È adatto a tutte le età**. Un altro vantaggio dell'uncinetto sta nell'essere adatto a tutte le età; potrai quindi decidere di imparare la tecnica, sia che tu sia giovane, sia che sia più matura.

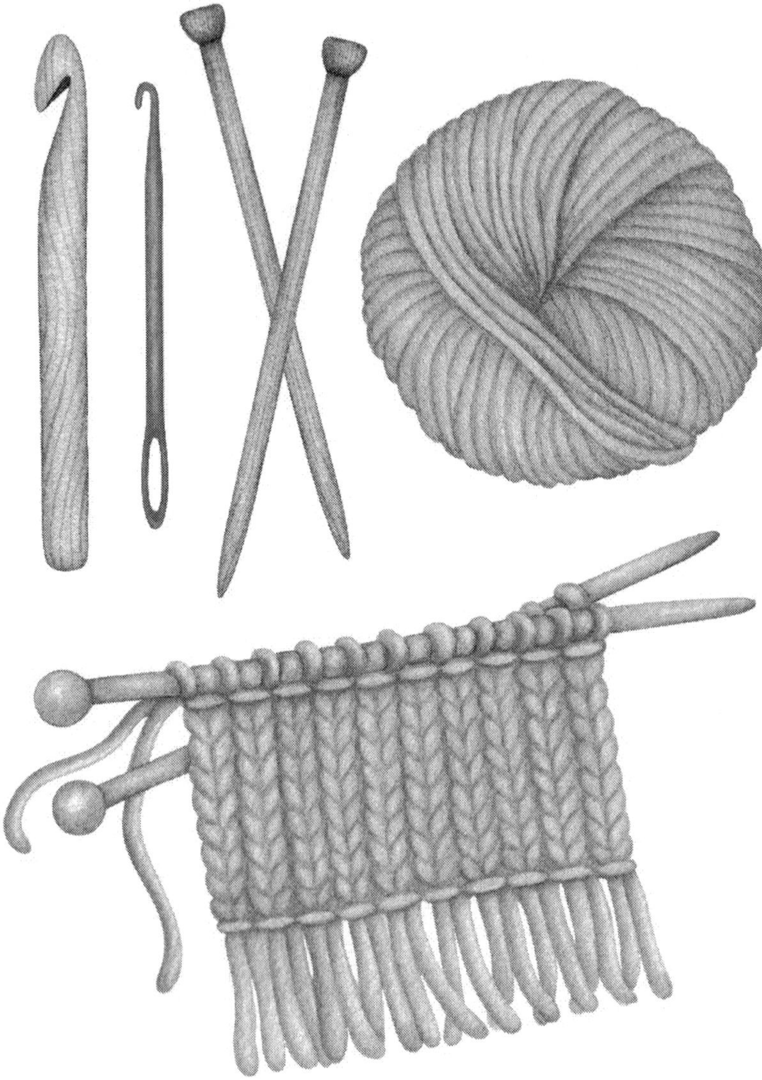

Capitolo 2

I punti dell'uncinetto

Tipologia di punti base

Adesso che ti sei fatto un'idea su cosa sia precisamente l'uncinetto, i suoi componenti e la sua storia, è arrivato il momento di conoscere i punti base da cui iniziare, fondamentali specialmente per chi è alle prime armi.
Se dovessi incontrare inizialmente delle difficoltà, non temere: è la tua prima volta, e non hai dimestichezza. Una volta che prenderai la mano, i passaggi risulteranno semplici, e la soddisfazione nel creare il tuo primo accessorio sarà impagabile!

I punti base e i loro scopi

- **Punto a catenella**

Come abbiamo avuto modo di scoprire, il punto a catenella è il primo passo fondamentale per il lavoro all'uncinetto. La catenella di partenza, anche chiamata "catenella iniziale" o "catenella di base" è la prima cosa di cui hai bisogno per dare inizio alla tua creazione.

Per la realizzazione di nuove file nella lavorazione, si utilizza la cosiddetta "catenella di ritorno"; la sua grandezza dipende dal numero di catene che fai, basate sui punti utilizzati in una fila.
Infatti, nel lavoro all'uncinetto si utilizzano spesso punti diversi, come nel caso del "granny square". Come dice il nome stesso, si tratta di una lavorazione composta da una serie di quadrati, realizzata tramite l'isolamento di doppi punti così da creare uno spazio per ogni bordo del quadrato.

- **Maglia bassa**

La maglia bassa è un altro dei punti base fondamentali, necessaria a poter spaziare tra una serie di creazioni di diverso tipo. Per tale motivo, tante persone che stanno iniziando ad affacciarsi al mondo dell'uncinetto, dopo il nodo scorsoio e il punto a catenella, mirano ad esercitarsi con la maglia bassa.
La caratteristica principale di questa tecnica sta nella realizzazione di una maglia spessa; per ottenerla, si possono utilizzare tessuti di vario spessore. La maglia bassa consente inoltre di realizzare i famosi amigurumi, ossia i pupazzi all'uncinetto, che ti consentiranno di liberare la tua fantasia realizzando piante, animali e addirittura vegetali.

- **Mezza maglia alta**

Questa tecnica, come si può intuire dal nome rappresenta una via di mezzo tra la maglia bassa e la maglia alta. L'ideale, prima di passare a questo punto è imparare prima la maglia bassa, per poi passare allo step successivo. La mezza maglia alta non è classificata tra i punti base, tuttavia è importante conoscerla, poiché la si trova in tantissimi lavori e consente di realizzare sciarpe calde e scaldacollo. Inoltre, ha il vantaggio di essere più veloce rispetto alla maglia bassa, cosicché avrai la possibilità di terminare i tuoi progetti in tempi più brevi.

- **Maglia alta**

La maglia alta è importante perché è versatile: ciò significa che si unisce agilmente agli altri punti, quindi ideale per poter essere utilizzata in tantissime lavorazioni.
La sua caratteristica principale è quella di essere la base per realizzare il lavoro a filet, la tecnica dell'uncinetto a V e del granny square. Rispetto alla maglia bassa, richiede qualche passaggio in più, ma non temere, con un po' di impegno ed esercizio, con il tempo sarai in grado di realizzare addirittura dei disegni sul filato! La dimestichezza con questa tecnica ti consentirà inoltre di utilizzare ulteriori punti in base al numero di catenelle che possiedi sull'uncinetto; se vuoi invece azzardare qualcosa di più complesso, potresti lavorare più volte sulla stessa catenella, metodo che ti consente di ottenere il cosiddetto punto "puff".

- **Doppia maglia alta**

Come nel caso della mezza maglia alta, questa tecnica non rientra nei punti fondamentali; tuttavia, la costanza e l'esercizio daranno i loro frutti, permettendoti di cimentarti su qualcosa di più.
La doppia maglia alta è più alta della maglia alta, e favorisce una progressione: tramite questa tecnica potrai infatti realizzare la maglia altissima, un punto importante perché rende il lavoro più

veloce. Inoltre, la maglia altissima ha la caratteristica di rendere il tessuto più morbido, e di conseguenza, più traspirante.

Dopo aver capito l'utilità dei punti base e i loro scopi, vediamo ora come si realizzano.

❖ **Catenella**

Per realizzarla, la prima cosa da fare è creare un piccolo cappio con il filo. Successivamente, si inserisce l'uncinetto dentro il cappio, facendo passare il filo all'interno. A questo punto si tira il filo; in questo modo si formerà un nodo stretto, e si ripeterà il passaggio facendo passare il filo all'interno della catenella che si è formata (questa operazione viene definita "gettare" il filo: agganciare il filo teso tra le dita con l'uncinetto). Puoi ripetere il passaggio fino a creare il numero di catenelle che desideri.

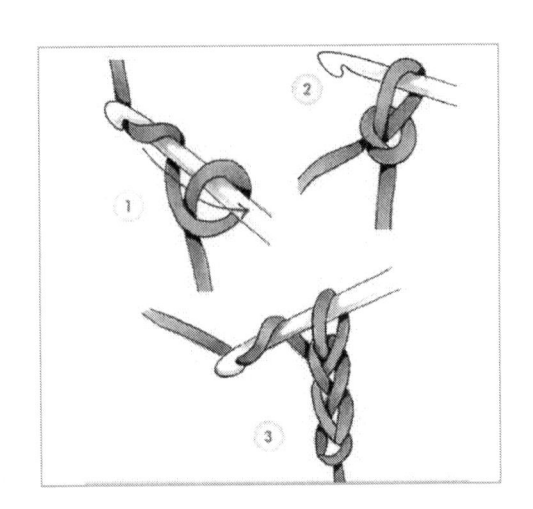

❖ Maglia bassa

In questo caso, bisogna far passare l'uncinetto nella penultima maglia della serie di catenelle di base che hai ottenuto. Dopo aver raccolto il filo con l'uncinetto, ti renderai conto di aver creato due maglie; quindi raccogli nuovamente il filo, e fai passare l'uncinetto attraverso due maglie, e così via.

❖ Maglia bassissima

La maglia bassissima è un punto appartenente alla tecnica dell'uncinetto che non rientra nella classe dei punti base fondamentali. Tuttavia, nel caso in cui decida di approfondire la tecnica e dedicarti anche a progetti leggermente più complessi, la maglia bassissima ti tornerà indubbiamente utile. In altre parole, la maglia bassissima è un punto fondamentale e spesso utilizzato per la realizzazione di modelli con base circolare, quali cuffie, cappelli e tanto altro ancora. È un punto semplice da realizzare, veloce e soprattutto in grado di darti tantissime soddisfazioni! Vediamo nel dettaglio i passaggi da svolgere per realizzarlo.

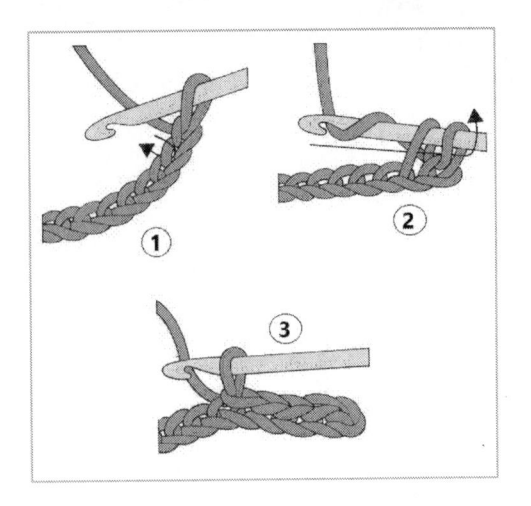

Schema di esecuzione

1. Realizza una serie di catenelle
2. Entra con l'uncinetto nella prima maglia, recupera il filo e fallo passare attraverso le due maglie che si trovano sull'uncinetto

Questi sono i primi due passaggi fondamentali da svolgere.

Lavorazione in tondo

1. Entra con l'uncinetto sotto la "spighetta" della prima maglia del giro appena lavorata
2. Aggancia il filo sull'uncinetto e fallo passare attraverso le due maglie che si trovano sull'uncinetto

Tieni presente che, a questo punto, potresti trovare delle difficoltà nell'individuare correttamente la maglia in cui entrare con l'uncinetto, proprio perché stiamo lavorando su un progetto in tondo. Per trovare la maglia giusta, che corrisponde alla prima maglia lavorata del giro, tieni sott'occhio la prima serie di maglie di inizio lavoro: la maglia in cui entrare si trova nella "spighetta" superiore della maglia in questione. Quindi, ricapitolando:

- Individua la prima maglia del primo giro in cui entrare
- Entra nella maglia con l'uncinetto
- Aggancia il filo
- Fai passare il filo sia nella prima, che nella seconda maglia

In questo modo, avrai ottenuto la maglia bassissima. Ti sarà sufficiente l'esecuzione di pochi passaggi per lavorare su tantissimi progetti in tondo e per poterti sbizzarrire con qualsiasi tipo di creazione.

❖ **Mezza maglia alta**

Come dice il nome stesso, si tratta di una via di mezzo tra la maglia bassa e la maglia alta. Per prima cosa, crea una serie di catenelle, getta il filo sull'uncinetto e punta l'uncinetto nella catenella sottostante; esci dalla catenella, e otterrai 3 asole sull'uncinetto. Successivamente, getta di nuovo il filo sull'uncinetto e chiudi tutte e tre le asole contemporaneamente con un solo punto.

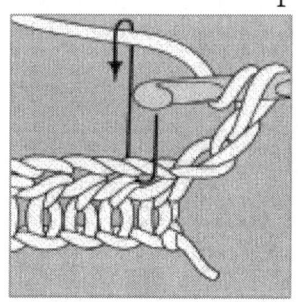

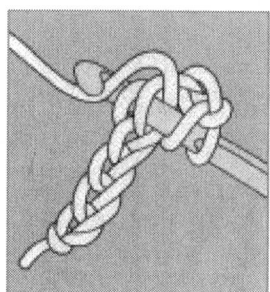

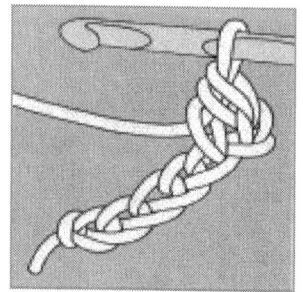

❖ **Maglia alta**

La maglia alta, rispetto ai punti base precedenti richiede un passaggio in più. In questo caso, getta il filo sull'uncinetto, inseriscilo nella quart'ultima maglia della fila iniziale di catenelle; si avvolge il filo sull'uncinetto, e lo si estrae successivamente in modo che sull'uncinetto risultino tre maglie. Getta nuovamente il filo sull'uncinetto, e lascialo passare all'interno di due delle tre maglie che hai creato. Getta di nuovo il filo, e fallo passare all'interno delle due maglie restanti.

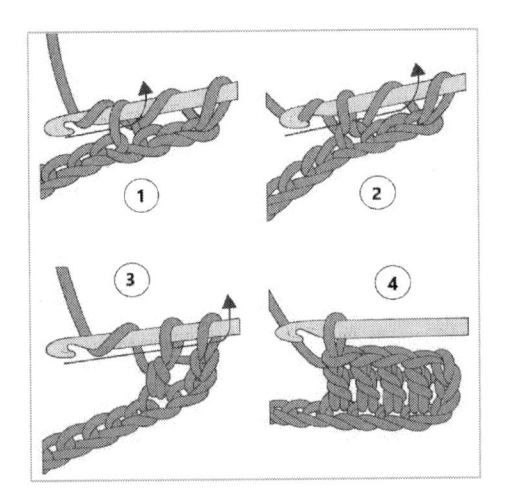

Questi sono i punti fondamentali ai quali si fa riferimento per iniziare; ti basterà un po' di esercizio con la maglia bassa e sarai già in grado di dare vita a delle originali creazioni come sciarpe e cappelli!

❖ Doppia maglia alta

Come dice il nome, questi punti vogliono il filo doppio e triplo sull'uncinetto all'inizio della lavorazione, poi si procede esattamente come per la maglia alta chiudendo le asole due a due.

Schema di esecuzione

- Per prima cosa, realizza un cappio e crea una serie di catenelle
- Successivamente, crea 4 catenelle volanti

Le 4 catenelle volanti che hai realizzato rappresentano la base della doppia maglia alta, di cui la maglia base è la 5° catenella. Per eseguire la successiva doppia maglia alta, dovrai entrare con l'uncinetto nella sestultima catenella.

1. Avvolgi il filo per 2 volte sull'uncinetto ed entra nella sestultima catenella
2. Aggancia il filo e fallo passare nella catenella
3. Dopo aver terminato questo passaggio, realizzerai di aver ottenuto 4 maglie sull'uncinetto
4. Recupera il filo con l'uncinetto e fallo passare attraverso le prime 2 maglie
5. In tal modo, risulteranno 3 maglie sull'uncinetto
6. Recupera il filo ancora una volta con l'uncinetto e fallo passare attraverso le prime 2 maglie presenti sull'uncinetto
7. Recupera il filo per l'ultima volta e fallo passare sulle ultime 2 maglie rimanenti.

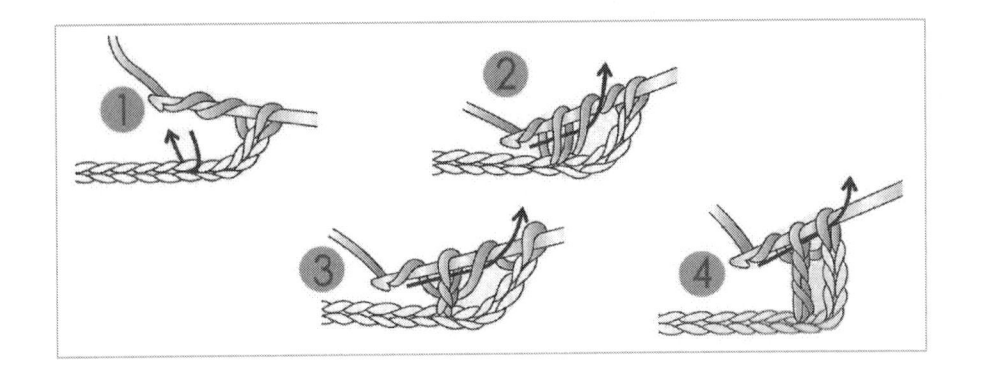

A questo punto, avrai finalmente realizzato la tua prima doppia maglia alta!

Per quanto riguarda le successive maglie, dovrai avvolgere il filo per 2 volte sull'uncinetto e entrare nella prima maglia a sinistra rispetto a quella lavorata. Successivamente, prosegui il lavoro come descritto nei passaggi precedenti, fino a giungere all'ultima catenella del giro. Per avere la certezza di aver eseguito il lavoro correttamente, conta le maglie: inizialmente hai eseguito una serie composta da 5 catenelle, per cui le maglie totali dovranno essere 5.

Per quanto riguarda invece l'inizio di un nuovo giro, dovrai innanzitutto realizzare 4 catenelle volanti; successivamente gira il lavoro, avvolgi il filo sull'uncinetto per 2 volte, punta l'uncinetto nell'ultima asola e ripeti i passaggi numerati descritti sopra.

❖ L'anello magico: cos'è e come si ottiene

L'anello magico consiste in una tecnica alternativa al nodo per dare inizio alla prima fase del lavoro. Si tratta di un cerchio regolabile, che si stringe fino a chiudersi completamente, senza lasciare alcun foro all'interno del lavoro.
L'anello magico o, in inglese *magic ring* è spesso utilizzato per la creazione degli amigurumi, i sempre più diffusi pupazzi realizzati all'uncinetto e per lavori di precisione quali rifiniture di sciarpe, berretti, presine e così via.
Ad essere sinceri, è più veloce creare l'anello magico che spiegarne i passaggi. Vediamo insieme passo passo come si realizza:

- Avvolgi il filo 2 volte intorno alle dita, o a un singolo dito (a vostra scelta, in base a come vi trovate meglio)
- Inserisci l'uncinetto e getta il filo
- Estrai l'uncinetto e lavora una catenella
- Esegui il numero di maglie basse indicate nel lavoro
- Tieni fermo il cerchio di maglie basse tra le dita e tira il filo di inizio fino a stringere completamente l'anello

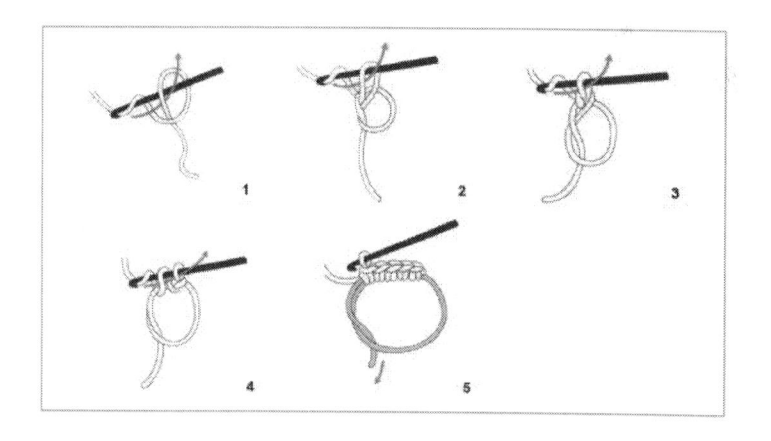

Una volta che avrai capito il meccanismo, potrai optare per il metodo che più ti piace: c'è chi, una volta creato l'anello lo mantiene tra le dita come un cerchio di catenelle, e chi invece preferisce eseguire il lavoro mantenendo il cerchio magico avvolto intorno alle dita.

Capitolo 3

Terminologia e abbreviazioni: come leggere gli schemi grafici

La terminologia dell'uncinetto

Nel momento in cui avrai acquisito un po' di dimestichezza con l'uncinetto, realizzerai che spesso vengono utilizzate delle abbreviazioni nei modelli, che rendono questi ultimi più facili da consultare. È quindi fondamentale che ti abitui a conoscere questa terminologia, ma non temere: le abbreviazioni sono semplici e intuitive; una volta che le avrai memorizzate, il lavoro sarà in discesa!

Ti propongo di seguito una tabella alla quale potrai fare riferimento per conoscere la terminologia di base. Al suo interno troverai le abbreviazioni utilizzate sia in italiano, sia in inglese, cosicché se dovessi acquistare un tessuto da un paese straniero, sarai in grado di orientarti agilmente.

Catenella Chain	Cat Ch
Maglia bassissima Slip stitch	Mb Sl St
Maglia bassa Single crochet	Mb Sc
Mezza maglia alta Tall double crochet	Mma Tdc
Maglia alta Double crochet	Ma Dc
Doppia maglia alta Treble crochet	Dma Tr
Tripla maglia alta Double treble crochet	Tma Dtr
2 maglie chiuse insieme Single crochet 2 together	2m Sc2tog
2 mma chiuse insieme Half dc 2 together	2mma Hdc2tog
2 m.a. chiuse insieme Double crochet 2 together	2ma Dc2tog

Dopo aver dato un'occhiata alle abbreviazioni, passiamo alla terminologia. Nel campo dell'uncinetto, vengono utilizzati una serie di termini di utilizzo comune utili a individuare più

facilmente determinati passaggi che si svolgono durante la lavorazione.
Di seguito un elenco dei principali termini utilizzati nell'uncinetto.

- **maglia di base**: è la prima maglia a cui si lavora, e al tempo stesso la maglia del giro precedente su cui lavorare
- **arco**: un insieme di una o più catenelle che consentono di unire un punto all'altro del lavoro
- **anello magico**: spesso nominato, si tratta dell'anello che si crea con il filo intorno alle dita; in poche parole, il cerchio all'interno del quale si lavora il primo giro
- **aumentare**: si utilizza questo termine quando si devono aggiungere dei punti al lavoro; si ottiene lavorando due maglie nella maglia di base
- **diminuire**: consiste nel diminuire il numero di maglie nella lavorazione: solitamente, si lavorano due maglie vicine, per poi chiuderle successivamente
- **gettare il filo**: si utilizza per intendere il filo che viene gettato intorno all'uncinetto prima di estrarre l'asola
- **schemi uncinetto**: i modelli grafici o scritti da seguire durante il lavoro
- **lavorare in tondo**: una tecnica tipica dell'uncinetto che consiste nel girare intorno al punto centrale dal quale è partito il lavoro; quest'ultimo può essere composto da un anello magico, o da delle catenelle in cerchio chiuse da una maglia bassissima
- **costina**: si tratta della parte superiore del punto, composta da due fili

Terminologia e abbreviazioni:

approfondimenti

Prima di procedere alla fase seguente dedicata ai progetti per principianti, è importante sapere che, oltre alla terminologia di base impari a riconoscere altre parti del linguaggio dell'uncinetto. In questo modo, quando dovrai seguire i passaggi di un progetto sarai in grado di leggere agevolmente ogni step, all'interno del quale, la maggior parte delle volte, vengono inserite le abbreviazioni.

Ti propongo una tabella di riferimento che potrai utilizzare in qualsiasi momento.

N.B. La tabella che leggerai di seguito è costituita da una terminologia utilizzata nel mondo dell'uncinetto italiano, mentre quella precedente fa riferimento a una terminologia più o meno universale.

Abbreviazioni per uncinetto

ALT	punto alto
AUM	aumentare
AVV	avviare
BS	punto basso
COL	colore
CONT	continuare
CONTEMP	contemporaneamente
DIM ALT	diminuzione punto alto
DIM BS	diminuzione punto basso
G	giro
GETT	gettata
INS o ASS	insieme
PREC	precedente
R	riga/righe
RIP	ripetere
SALT	saltare
V	volta
VOLT	voltare
VENT	ventaglio
UNC	uncinetto

Schemi grafici uncinetto: come leggere i simboli

Capita spesso che sul web si trovino svariati progetti all'uncinetto, accompagnati da schemi di esecuzioni scritti, tutorial veri e propri e, in alcuni casi, da schemi grafici composti da simboli; in questo caso i principianti si trovano in difficoltà, perché disorientati dal modo in cui le informazioni sono organizzate all'interno dello schema. Tuttavia, al contrario di ciò che si pensa, una volta che avrai imparato i simboli e l'ordine in cui leggerli ti risulterà più semplice seguire questi che i passaggi scritti.

Il vantaggio degli schemi è che non necessitano una traduzione; essi sono composti da simboli universali, quindi validi in qualsiasi lingua; una volta che li avrai imparati, non incontrerai difficoltà in alcun progetto, nemmeno in quelli in lingua straniera.

Partiamo dal fatto che gli schemi si differenziano nella "direzione" della lettura in base alla tipologia di lavoro.

- Nelle lavorazioni in tondo, lo schema si legge dal centro verso l'esterno;
- Nelle lavorazioni lineari, li schema si legge dal basso, partendo da sinistra a destra nelle prima riga e, a salire alternando il senso delle righe
- Nel caso invece delle lavorazioni ovali si fondono le due regole precedenti: ciò significa che si parte leggendo dal centro, per poi proseguire lineare da sinistra verso destra

nel primo giro; nei giri successivi si procede a spirale, verso l'esterno.

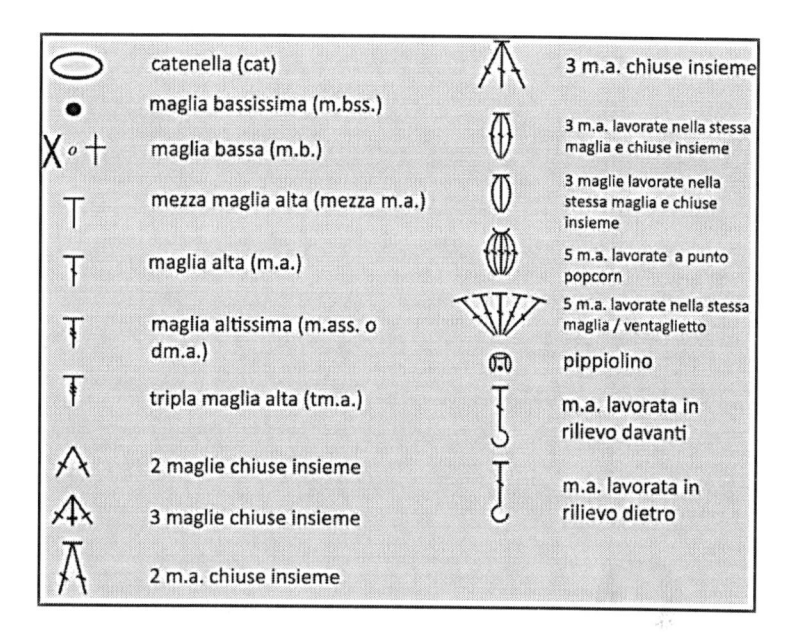

Simbolo	Descrizione	Simbolo	Descrizione
◯	catenella (cat)	⋀	3 m.a. chiuse insieme
•	maglia bassissima (m.bss.)	⬭	3 m.a. lavorate nella stessa maglia e chiuse insieme
X o +	maglia bassa (m.b.)		
T	mezza maglia alta (mezza m.a.)	⬯	3 maglie lavorate nella stessa maglia e chiuse insieme
Ŧ	maglia alta (m.a.)	⬮	5 m.a. lavorate a punto popcorn
Ŧ	maglia altissima (m.ass. o dm.a.)	⋁⋁⋁	5 m.a. lavorate nella stessa maglia / ventaglietto
Ŧ	tripla maglia alta (tm.a.)	⊙	pippiolino
⋀	2 maglie chiuse insieme	Ĵ	m.a. lavorata in rilievo davanti
⋀⋀	3 maglie chiuse insieme	Ĵ	m.a. lavorata in rilievo dietro
Ⓐ	2 m.a. chiuse insieme		

Tieni presente che i simboli riportati sullo schema sono i principali e i più utilizzati; tuttavia, nel mondo dell'uncinetto ne esistono tanti altri e diversi. Ricordati che, a prescindere dai simboli qui proposti, quando andrai alla ricerca di un progetto dovrai fare riferimento alla simbologia proposta in quel contesto, e seguirla.

Terminologia uncinetto per i capi d'abbigliamento

Da molti ritenuta una sfortuna, in realtà possiede i suoi vantaggi. Il mondo dell'uncinetto possiede una terminologia e un numero di abbreviazioni davvero ampia, cosicché quando si presenta uno schema, anziché doverlo scrivere per intero si procederà per abbreviazioni.

Se questa è una delle prime volte che ti capita di confrontarti con l'arte dell'uncinetto, inizialmente potresti sentirti disorientato; i nomi dei punti base, la terminologia e le abbreviazioni saranno per te completamente nuove. Tuttavia, ciò non deve scoraggiarti; la terminologia utilizzata è costituita da acronimi intuitivi per cui, una volta che avrai letto diversi schemi tutto sarà in discesa.

A parte la terminologia di base di cui ti ho parlato nei paragrafi precedenti, possiamo trovare una terminologia specifica utilizzata negli schemi dedicati ai capi di abbigliamento. Spalla destra, anteriore destro e manica destra sono una serie di termini che fanno riferimento alla parte del capo sulla quale si sta lavorando, come nel caso, ad esempio, di un maglione.

Glossario

- **Lavorare in costa:** si utilizza questo termine quando, lavorando con l'uncinetto delle maglie del giro precedente, si prende una sola delle asole del giro precedente. Nel caso in cui si stia lavorando sull'asola di davanti si utilizzerà "lavorare in costa davanti"; in caso contrario, "lavorare in costa sul retro".
- **Fronte sinistro:** come si può intuire dal nome, si intende la parte dell'indumento che sarà indossata sulla parte sinistra del corpo.
- **Lato sinistro:** da non confondere con il punto precedente, con lato sinistro si intende la parte più vicina alla tua mano sinistra durante la lavorazione.

- **Unire:** fa riferimento all'utilizzo della maglia bassissima per unire due maglie in un punto preciso del lavoro.
- **Campione:** esso consiste generalmente in un quadrato di tessuto in cm di riferimento, che ti servirà a capire il numero di punti e di righe che conterrà la lavorazione finale.
- **Fronte destro:** fa riferimento alla parte dell'indumento che verrà indossata sul lato destro del corpo.
- **Lato destro:** come nel caso precedente, fa riferimento alla parte di lavoro più vicina alla tua mano destra, nel corso della lavorazione
- **Davanti:** si riferisce al pezzo che, una volta terminato il lavoro risulterà sempre a vista.
- **Maglie in rilievo:** fa riferimento alla lavorazione delle maglie intorno alla parte verticale delle maglie alte della riga precedente. Si ottiene puntando l'uncinetto dal davanti al dietro, mantenendo le maglie in rilievo sulla parte di davanti, oppure dal dietro al davanti, con le maglie in rilievo sulla parte di dietro.
- **Retro:** fa riferimento alla parte del capo che risulterà sempre nascosta alla vista.
- **Lavorare allo stesso modo:** con questo termine ci si riferisce a una tipologia di lavorazione in linea di massima ripetitiva, in cui si utilizza lo stesso procedimento, lo stesso numero di righe senza aumenti o diminuzioni.

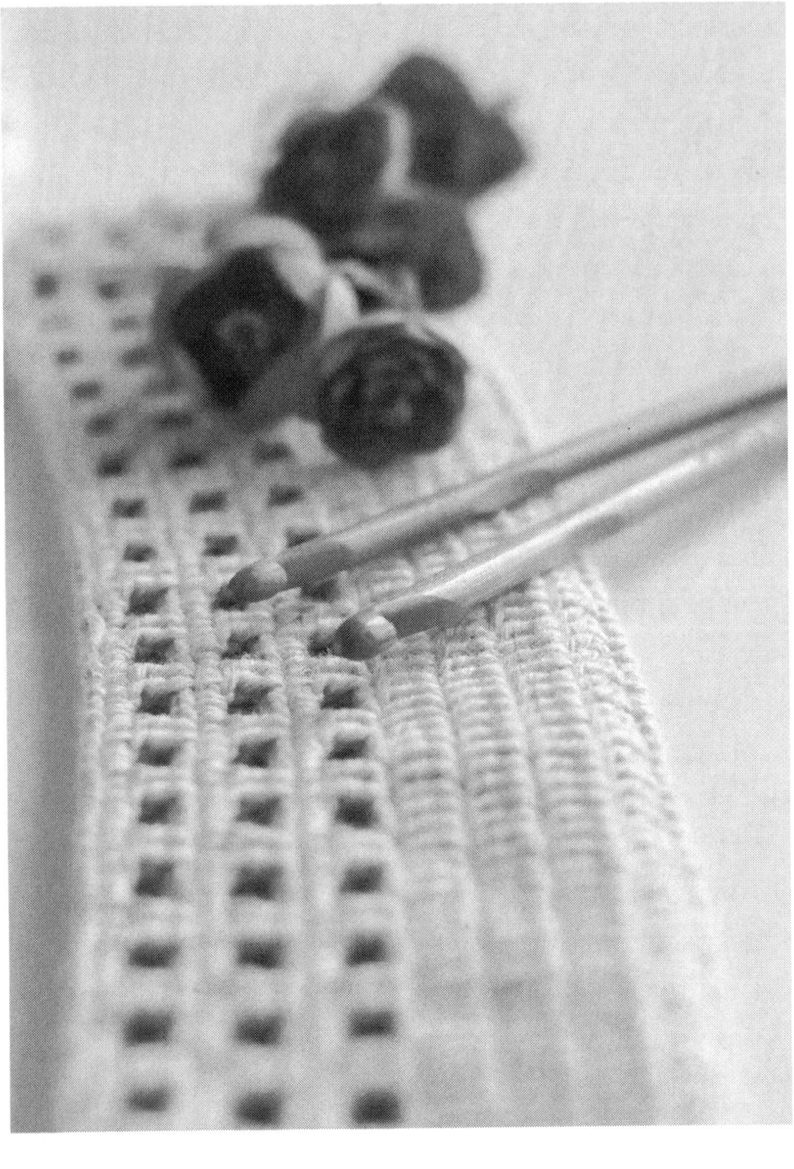

Capitolo 4

Strumenti e materiali

Strumenti per iniziare

Se sei alle prime armi, sei capitato nel posto giusto. In commercio esistono non solo diversi tipi di tessuti, ma anche di uncinetti, di cui varia principalmente lo spessore e il materiale. Con l'avanzamento della tecnologia al giorno d'oggi, è possibile acquistare uncinetti di vario tipo tra cui quelli in bambù, in plastica, in acciaio e, i più diffusi, in alluminio. Questi ultimi sono quelli che meglio si adattano ai principianti, essendo abbastanza resistenti e disponibili di diversi spessori; tieni sempre in considerazione che, la maggior parte delle volte, gli uncinetti in acciaio son quelli più sottili, quindi dedicati a mani più esperte. Inoltre, gli uncinetti variano nella forma: è possibile acquistare degli uncinetti ergonomici, che meglio si adattano alla forma della mano o i classici, dritti e piatti.

Per ciò che riguarda la tipologia, l'ideale è utilizzare un uncinetto di spessore intermedio, né troppo grosso, né troppo fine; l'ideale è optare per un n°3, 5 o 7, adatti a tessuti grossi, più facili da lavorare.

Ti propongo di seguito uno schema al quale puoi fare riferimento per utilizzare il corretto spessore dell'uncinetto, abbinato al tessuto ideale.

Misura uncinetto	Tipo di tessuto
0,60 - 0,7 - 1 mm	cotone molto sottile
1,25 - 1,50 - 1,75 mm	cotone sottile
2,00 - 2,50 - 3,00 - 3,50 mm	tessuti medio spessore
4,00 - 4,50 - 5,00 mm	tessuti medio spessore lavorati a doppio
5,50 - 6 mm	lana
7,00 - 8,00 mm	lana da arazzo
9,00 mm - 1 cm	lana da sport

Per quanto riguarda il tessuto, almeno agli inizi sarebbe meglio orientarsi su un tessuto morbido, a tinta unita e preferibilmente in lana. Sono importanti caratteristiche da tenere in conto, poiché nella lana le maglie sono più evidenti, di conseguenza più facili da individuare e lavorare, e la tinta unita fa in modo che non si crei confusione nella lavorazione; il cotone, a differenza della lana, presenta una trama più fitta e quindi più complessa.

Se la lana ti sembra troppo dispendiosa, potresti optare per l'acrilico o il misto acrilico: è un tessuto più economico, le maglie sono elastiche e si possono contare senza difficoltà.

Vi è inoltre un'altra considerazione. Nella scelta del tessuto da utilizzare, pensa alla creazione che hai in mente: se desideri creare un centrino, o dei pizzi, dovrai usare un filo molto sottile. Il discorso è diverso se il tuo scopo è creare uno scialle, una sciarpa o un cappello, con i quali potrai utilizzare dei fili più grossi.

Le tre principali categorie di filati

Prima di passare alla descrizione dei principali filati utilizzati nel lavoro all'uncinetto, è importante fare una premessa. Per poter scegliere adeguatamente il tessuto ideale, pensate al progetto che avete in mente e, specialmente, alla stagione. Verrà da sé che se il vostro intento è quello di realizzare un capo d'abbigliamento come un cappello, una sciarpa o uno scialle, la lana sarà il filato ideale; discorso inverso nel caso in cui vi stiate orientando verso un capo primaverile, o estivo.

❖ **Filati in lana**

La lana è una fibra di origine naturale tra le più antiche. Si tratta di un filato caldo, morbido e avvolgente, resistente agli odori, ai batteri e, elemento molto importante, ignifugo.

Punti a favore

- **Elasticità**. Questa caratteristica rende la lana ideale per la creazione di capi d'abbigliamento. Capi quali maglioni, sciarpe e cappelli, per poter risultare confortevoli devono potersi allargare agilmente, per poi tornare alla forma originaria. Per tale motivo, la lana si presta a questo tipo di lavorazioni.

- **Errori poco evidenti.** Grazie alla sua particolare trama, la lana fa in modo che, se sei una principiante e hai commesso qualche errore, potrai disfare il lavoro con facilità; inoltre, gli errori risulteranno poco evidenti.
- **Calda e traspirante.** Come accennato in precedenza, la lana è un filato caldo e avvolgente, quindi ideale per essere indossato d'inverno.
- **Resistenza.** Questo è un altro punto a favore della lana. Quando si realizzano dei lavori artigianali, lo si fa con l'idea che il capo ottenuto possa durare nel tempo; la lana ti garantirà questo vantaggio, poiché difficilmente si sgualcisce.

Punti a sfavore

- **Possibili allergie.** La lana è un tipo di filato che non sempre è tollerato da tutti; infatti, c'è chi lo trova pruriginoso e fastidioso. Per tale motivo sarebbe meglio optare per la lana merino, più liscia e morbida, che non crea questo tipo di disagi; la lana merino è consigliata anche per i bambini.
- **Dispendiosa.** Proprio per i suoi numerosi vantaggi e per essere una fibra naturale, la lana risulta abbastanza costosa. Se sostenere una spesa eccessiva non è tra i tuoi programmi, potresti optare per un materiale sintetico, o per la lana misto acrilico, decisamente più economici.
- **Difficoltà nei lavaggi.** Purtroppo, i capi a base di lana non possono essere infilati tranquillamente in lavatrice con

qualsiasi programma. Prima di procedere al lavaggio, assicuratevi sempre di aver dato un'occhiata alle istruzioni di lavaggio presenti sull'etichetta.

❖ Filati in cotone

Il cotone è un materiale fresco, traspirante e dalle fibre robuste, per cui si presta ad essere utilizzato per tantissime lavorazioni.

Punti a favore:

- **Fibre robuste**. La principale caratteristica del cotone è quella di essere composto da fibre solide e robuste. Ciò significa che potrai utilizzare questo filato per lavorazioni che hanno bisogno di una struttura solida e resistente come zaini, sacchi, e così via.
- **Lavaggio semplice e veloce**. A differenza della lana, il cotone non ha bisogno di indicazioni particolari per essere lavato, per cui non dovrai perdere tempo nel scegliere il programma di lavaggio adatto in lavatrice.
- **Leggero**. Questo tessuto, grazie al suo carattere traspirante è la soluzione ideale per la creazione di capi d'abbigliamento estivi come costumi, crop top, bandane e tanto altro ancora.

Punti a sfavore:

- **Fibra rigida**. A differenza della lana, il cotone è un tessuto rigido, per cui risulta più difficile da lavorare e da disfare, nel caso in cui si commetta qualche errore

- **Risultato differente nella colorazione.** Questo è un elemento importante da tenere in conto: mentre sulla lana i colori sono vivaci, sul cotone risultano spesso tenui, quindi meno brillanti.
- **Perde la forma.** Essendo composto da una trama rigida, il cotone tende a sgualcirsi nel tempo; per tale motivo, il suo utilizzo è indicato in progetti che non possiedono l'elasticità come caratteristica principale

❖ **Filati acrilici**

Sono i filati che maggiormente si avvicinano alla lana; la differenza sta appunto nella composizione, essendo costituiti da fibre sintetiche.

Punti a favore

- **Caldi, morbidi, leggeri.** Caratteristiche che gli acrilici condividono con la lana, sono degli elementi che rendono questi filati molto versatili, quindi possono essere utilizzati per quasi ogni tipologia di lavorazione.
- **Economici.** Specialmente se sei un principiante, inizialmente non vorrai correre il rischio di spendere una somma eccessiva per dei progetti di prova. Gli acrilici ti verranno incontro in questo senso, essendo tra i filati più economici.
- **Facilmente lavabili e asciugabili, non si infeltriscono.** Un altro importante punto a favore, gli acrilici non corrono il rischio di ridursi durante il lavaggio; quando tirerai fuori

il maglione dalla lavatrice, non ti troverai in mano un maglione in versione mini.

- **Tante colorazioni disponibili.** Gli acrilici sono disponibili sul mercato in tante colorazioni differenti, elemento che li rende adatti anche alla creazione di amigurumi, coperte e decorazioni per la casa.
- **Lavorabili e disfabili facilmente.** Se ti dovesse capitare di commettere qualche errore, non temere; gli acrilici ti consentiranno di riparare facilmente lo sbaglio, grazie a queste due ottime caratteristiche, motivo per cui sono indicati per i principianti.
- **Elastici.** Come la lana, gli acrilici sono morbidi ed elastici, per cui non rischierai di dover abbandonare presto il tuo capo; non si sgualciscono e durano nel tempo.

Punti a sfavore:

- **Cariche elettrostatiche.** Sfortunatamente, questo è uno dei principali contro degli acrilici. Ciò significa che c'è la possibilità che possano attirare la polvere, o provocare delle scosse.
- **"Lana finta".** Nel mondo dell'uncinetto, questa è l'accezione negativa con la quale spesso gli acrilici sono definiti, proprio perché, secondo gli appassionati più sfegatati, non si tratta di un materiale originale. Tuttavia, non si tratta di una caratteristica invalidante per le tue creazioni.
- **Divisione durante il lavoro.** Essendo dei tessuti più economici, gli acrilici rischiano di dividersi mentre siete nel bel mezzo della lavorazione. Per tale motivo, è importante

che ti informi in anticipo sulla qualità del materiale che acquisterai.

Quanto filato ti serve?

Questa è una delle domande più frequenti che numerosi principianti si pongono. Essendo alle prime armi, durante le tue prime lavorazioni non sarai in grado di capire con precisione la quantità di filato necessario per un determinato progetto, ma non temere: ti fornirò di seguito una serie di indicazioni che ti aiuteranno a prendere le giuste misure.

Partiamo subito dal fatto che non vi è un calcolo universale che determina con esattezza la quantità di filato. Ciò che dovrai innanzitutto tenere in considerazione è la tipologia di tessuto che utilizzi, lo spessore e la lunghezza, senza ovviamente tralasciare il tipo e lo spessore dell'uncinetto.
Tuttavia, esistono alcune misurazioni che potrai adottare per azzeccare, in linea di massima, quanto filato potrebbe occorrerti; tra queste, vi è il campione.

Il campione consiste in un quadrato di filato di circa 10-15 cm, che dovrai realizzare tu, con un bordo dei 4 presenti costituito dal punto che preferisci.
Una volta terminato il quadrato, conta quante maglie hai ottenuto in totale, quanti giri, e pesalo; nel frattempo, segna questi dati su un foglio.
Con questi dati in mano, potrai adesso calcolare il numero di punti e giri che ti serviranno per realizzare il progetto finale; se, ad esempio il tuo progetto consiste in qualcosa di regolare, come una

presina o una copertina, il calcolo sarà semplice. Nel caso in cui invece il progetto dovesse consistere in un capo irregolare, come un cappello o un maglione, calcola i tuoi dati in base all'elemento più regolare del tuo progetto, in modo tale da poter ottenere delle misurazioni approssimative per il totale.

Arrivati a questo punto, calcola quante volte il tuo campione è contenuto nel progetto totale. Nel momento in cui avrai terminato questa serie di operazioni, avrai le misurazioni e il peso approssimativo del tuo prodotto; tuttavia, per non correre il rischio di rimanere senza filato è sempre meglio optare per l'acquisto di 50/100 grammi in più, o addirittura 150/200 grammi nel caso in cui il progetto sia molto grande.

Capitolo 5

Punti decorativi, suggerimenti e consigli

Suggerimenti per chi è alle prime armi

Probabilmente, una delle prime cose a cui penserai quando vorrai finalmente iniziare un progetto è "conosco pochi punti, non posso fare quasi nulla"; ed è qui che ti sbagli. Ti basta conoscere il punto a catenella, la maglia bassa o la mezza maglia alta per realizzare tantissime creazioni!
Tuttavia, prima di fornirti delle idee sui progetti che potrebbero essere più adatti a te, ti elencherò una serie di consigli da seguire prima, e durante la realizzazione della tua creazione. Regole semplici da seguire, niente di impegnativo, ma è importante che le tenga in considerazione.

Consiglio 1: utilizza più punti per un progetto

Il trucco per avere accesso ai tanti progetti disponibili online è l'utilizzo di più punti. Con un po' di esercizio avrai modo di imparare innanzitutto i principali: ti basterà l'unione del punto a catenella e della maglia bassa per creare tantissime cose divertenti! Quando poi acquisirai sufficiente manualità, potrai anche decidere di optare per la maglia altissima, o per la mezza maglia alta, e le tue creazioni potranno essere sempre più numerose.

Consiglio 2: lavori piani e rettangolari

Se sei una principiante, questo è un consiglio fondamentale da seguire. Opta per un progetto rettangolare e lascia da parte forme geometriche irregolari, progetti rotondi o in 3d: questi ultimi potrebbero richiedere aumenti o diminuzioni di maglie, elemento che richiede tempo, pazienza e una certa manualità. Inoltre, riprodurre la profondità quando si è alle prime armi non è esattamente un gioco da ragazzi. Scegli i progetti regolari, e andrai sul sicuro.

Consiglio 3: uncinetto di medie dimensioni e filati semplici da lavorare

Come accennato in precedenza, quando si è alle prime armi l'ideale è optare per un uncinetto di dimensioni medie, quindi né troppo spesso, né troppo sottile (come quello in acciaio).
Stesso discorso vale per i filati: i filati di medio spessore hanno le maglie più evidenti, fattore che le rende più semplici da lavorare. È inoltre fondamentale che si utilizzi un tessuto non peloso, e soprattutto a tinta unita, cosicché non corra il rischio di creare confusione con le maglie.

Consiglio 4: dedicati a piccoli progetti

Questo è un consiglio valido un po' per tutti i nuovi campi ai quali ci si approccia. Quando prendi in mano l'uncinetto per la prima volta, poniti come obbiettivo un piccolo progetto, che possa svolgere rapidamente. Scegliere un progetto più grande richiede tempo, e potrebbe scoraggiarti, avendo come conseguenza l'abbandono dell'attività. Piccoli progetti, a piccoli passi.

Consiglio 5: svolgi il lavoro in modo rilassato

Sembrerà banale, ma l'atteggiamento con cui ti dedichi alla tua creazione è fondamentale. Più sarai rilassata, più sarai in grado di tenere l'uncinetto nel modo migliore: come accennato prima, è importante che sia saldo tra pollice e indice, ma nemmeno troppo rigido. Mentre svolgi il lavoro, tieni sotto controllo i punti affinché risultino tutti della stessa misura e, al tempo stesso, fai in modo che l'uncinetto si muova liberamente e in modo fluido, così da fissare il filo dopo aver terminato ogni punto all'uncinetto.

Consiglio 6: realizza sempre nuove catenelle

Questo è un consiglio per facilitare il tuo lavoro al massimo. Quando si uniscono nuovi pezzi di filato, realizza sempre una nuova catenella. Fai inoltre in modo che l'uncinetto risulti dritto verso la fine di una colonna, cosicché l'intreccio nel filato in chiusura risulti più semplice.

Differenza tra lavoro a maglia e uncinetto

Essendo un principiante, è possibile che ti sia capitato di chiederti cosa esattamente differenzia il lavoro a maglia dalla tecnica dell'uncinetto.

Spesso si tende a creare della confusione tra queste due tipologie di lavorazione; per coloro che non conoscono bene il campo, è sufficiente riconoscere la presenza di un gomitolo, un ago o un uncino e pensare che si tratti di lavoro a maglia.

Tuttavia, è importante evidenziare una serie di differenze che ti aiuteranno a distinguere le due lavorazioni.

Partiamo dal presupposto che il lavoro a maglia è una tecnica decisamente più antica e più diffusa; ai suoi albori, questa tecnica veniva classificata come "lavoro da uomo", per poi diffondersi successivamente anche nel mondo femminile. La tecnica dell'uncinetto ha invece alle sue spalle qualche centinaio d'anni. Inoltre, mentre il lavoro a maglia è, per definizione, lo strumento per la creazione dei capi d'abbigliamento veri e propri, è opinione comune considerare l'uncinetto come strumento di ornamento dei capi.

Per farti un'idea più chiara, vediamo le differenze fondamentali che contraddistinguono le due tecniche:

- nel lavoro a maglia si utilizzano due aghi, con le estremità affilate; nel caso dell'uncinetto, il gancio è uno, e la sua estremità termina con un uncino;

- utilizzo di punti diversi: il lavoro a maglia possiede punti cuciti e incurvati, mentre l'uncinetto si serve di maglia bassa e maglia alta;
- il risultato dei lavori a maglia è un tessuto sottile e leggero, mentre con l'uncinetto si ottiene un tessuto più spesso e pesante.

Per ciò che riguarda la tipologia di tessuti utilizzati non vi è una particolare differenza, in linea di massima i filati sono gli stessi per entrambe le lavorazioni. Tuttavia, essendo l'uncinetto utilizzato non solo per i capi ma per le decorazioni, la tendenza è quella di azzardare una più ampia varietà di fibre.

Punti fantasia: tecniche e decorazioni

Dopo aver elencato e spiegato i punti base, necessari alla realizzazione delle tue prime creazioni vediamo nel dettaglio alcune tecniche per creare dei motivi, che ti torneranno utili per ottenere delle decorazioni. Esistono alcuni punti, come quelli a conchiglia che ti consentiranno di decorare i tuoi capi quali sciarpe, scialli, copertine e così via. In tal modo non solo potrai sfoggiare il tuo capo, ma addirittura personalizzarlo!

I motivi si distinguono tra loro per il numero di linee utilizzato: alcuni possiedono due linee, altri una decina; dipende da ciò che desideri realizzare, e dalla manualità che raggiungerai con il tempo. Tieni sempre presente che l'uncinetto è un'arte che richiede pazienza, ma dev'essere al contempo rilassante e divertente.

❖ **Disegni all'uncinetto di superficie**

I disegni di superficie sono delle vere e proprie decorazioni che vengono aggiunte a un tessuto all'uncinetto già lavorato; si rivelano utili sia per dare maggior consistenza al tuo lavoro, sia per renderlo più personalizzato e originale. Se ti stai domandando come possa essere possibile ottenerlo per un principiante, non temere, si tratta di una tecnica semplicissima, anche i meno esperti in assoluto saranno in grado di riprodurla!

L'aspetto di questa tecnica è quello di un semplice punto a catenella, che risulta in rilievo rispetto al tessuto di partenza, è proprio questa caratteristica a conferire una più elevata consistenza e spessore al tuo lavoro.
La prima cosa che devi sapere se vuoi realizzare i disegni di superficie sta nel tipo di tessuto di partenza, l'ideale è utilizzare un tessuto all'uncinetto singolo, in questo caso i punti risultano ravvicinati, e in questo modo non correrai il rischio che il disegno si perda nei buchi tra un punto e l'altro. Per lo stesso motivo, utilizza un tessuto a tinta unita, cosicché il disegno non rischi di confondersi con gli altri colori presenti. Se non vuoi correre il rischio di rovinare un nuovo capo, potresti utilizzare un maglione dismesso, o di seconda mano; se il risultato ti piacerà, sarà un modo per arricchire il tuo outfit; in caso contrario, potrai decidere di metterlo da parte.

Schema di esecuzione

1. Inserisci l'uncinetto dalla parte anteriore a quella posteriore, nell'esatto punto in cui desideri iniziare la tua decorazione; piega il filo a metà sopra il gancio.
2. Tira il cappio attraverso il tessuto verso il lato destro, lasciando la coda nella parte posteriore del lavoro.
3. Inserisci il gancio dalla parte anteriore a quella posteriore, nella posizione in cui andrà il prossimo punto. Nel caso stia utilizzando un filo spesso, lascia uno spazio tra un punto e l'altro; in caso contrario, puoi proseguire senza lasciare spazi.
4. Con il filato sopra il gancio, tira il passante sul lato destro del lavoro.
5. Tira il cappio attraverso la prima catenella, che è già presente sul tuo gancio; in questo modo, avrai ottenuto un punto uncinetto in superficie! Per creare gli altri punti di superficie, ripeti i passaggi appena descritti.
6. Una volta che avrai raggiunto il tuo risultato, passa alla chiusura. Per realizzarla, taglia il filo e lascia una lunga coda. Usa l'uncinetto per tirare su un anello, e fai passare il gancio attraverso il tessuto. Con il filo sopra il gancio, tiralo attraverso il tessuto e attraverso il passante.

Suggerimenti

- Come sempre, la tensione del filo è un aspetto fondamentale; cerca di non tenere il filo troppo stretto, la trama risulterebbe fitta e il lavoro ne risentirebbe nelle dimensioni che avevi previsto.
- Come hai letto in precedenza, questi sono i passaggi per realizzare i punti in superficie. Tuttavia, l'uncinetto non deve mantenere sempre la stessa direzione rettilinea; se il tuo obbiettivo è ottenere una decorazione, cambia direzione e crea il disegno e la forma che più ti piace (una stella, un triangolo, un cerchio e così via)
- Le decorazioni di superficie possono essere realizzate anche su prodotti realizzati a maglia, per cui non è necessario possedere un tessuto di base lavorato all'uncinetto

Che aspetti? Mettiti all'opera!

❖ **Punti a conchiglia**

Questa tecnica esteticamente è davvero graziosa, e viene principalmente utilizzata per la decorazione di sciarpe, afgani e copertine per bambini.
La conchiglia è costituita da un insieme di tre o cinque punti, lavorati in un unico punto o spazio per la catenella. I primi giri della conchiglia, quelli più vicini alla base risultano più stretti, e si allargano man mano che si procede più in alto. Infatti, un altro modo per definire questa tecnica è un modello di punti in cui più maglie alte vengono lavorate insieme.
Sostanzialmente, una conchiglia semplice si crea con una maglia alta in un determinato punto, seguita da altre due maglie alte all'interno di una catenella singola, e altre due maglie nel punto successivo.
Per avere un'idea più chiara su come si ottiene una conchiglia, vediamo brevemente i passaggi necessari.

Schema di esecuzione per il punto a conchiglia

1. Crea una catenella con un numero di punti pari a un multiplo di quattro; per capire quanti punti conchiglia hai ottenuto, dividi il numero di catenelle per 4.
2. A partire dall'uncinetto, salta 3 catenelle e lavora nella quarta. Come accennato prima, questa tecnica richiede che si lavori nella stessa catenella, che dovrà contenere 2 maglie alte, una catenella e altre 2 maglie alte.
3. Salta tre catenelle e ripeti lo stesso passaggio, sempre all'interno dello stesso punto: 2 maglie alte, una catenella e successivamente 2 maglie alte.
4. Prosegui con questo metodo fino al termine della catenella. Tieni a mente che la prima catenella su cui hai lavorato, che corrisponde all'ultima della fila, vale come punto conchiglia.
5. Una volta terminata la fila, crea tre catenelle e gira il lavoro. Le catenelle che hai appena creato rappresenteranno l'altezza della prossima fila; sono fondamentali perché fanno in modo che i punti conchiglia non si ripieghino su se stessi.
6. Riprendi nella creazione di un punto conchiglia, utilizzando una maglia delle catenelle precedenti, e procedi con lo stesso ordine di passaggi, all'interno dello stesso punto: 2 maglie alte, una catenella e altre due maglie alte.
7. Per la seconda fila di catenelle, non è necessario saltare tre maglie; procedi nella creazione di un punto conchiglia in ogni maglia della fila precedente.

Esistono inoltre delle variazioni nella creazione del punto conchiglia; queste modifiche si ottengono con la realizzazione di piccoli tondi in piccoli spazi della catenella. Questa variazione ti consentirà di ottenere una decorazione ancora più originale, utile ad esempio per personalizzare un capo di abbigliamento per bambini.

❖ **Punto gambero**

Il punto gambero è un punto all'uncinetto caratteristico delle decorazioni. Se, per esempio stai realizzato una tovaglietta, una presina o una copertina, il punto gambero ti consente di realizzare delle particolari rifiniture che renderanno la tua creazione più personalizzata.

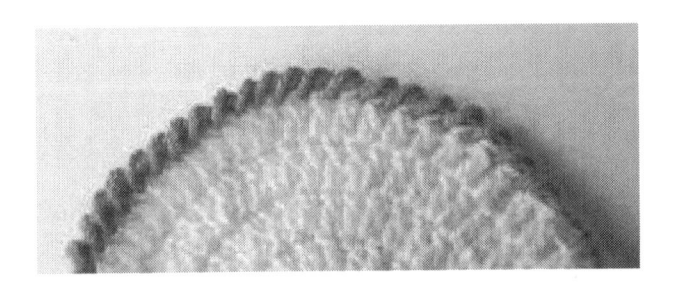

In cosa consiste?

Il punto gambero, come si può evincere dal nome consiste semplicemente in una maglia bassa realizzata al contrario: anziché da destra verso sinistra, si ottiene lavorando da sinistra verso destra. Il risultato consisterà in una sorta di punto basso attorcigliato, particolare e estremamente decorativo.

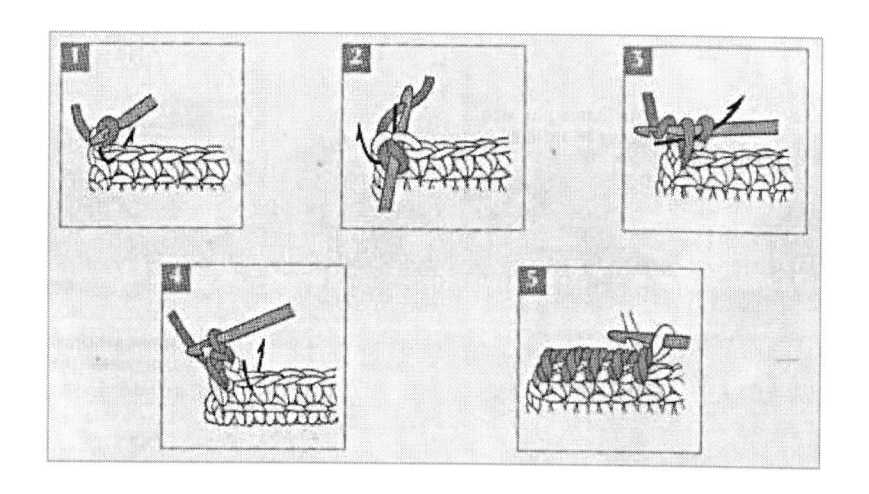

Schema per l'esecuzione

Dopo aver terminato con l'ultimo giro del lavoro, per dare maggior risalto al punto gambero all'uncinetto potresti optare per un colore diverso, in modo tale da creare un contrasto di tinte tra il lavoro di base e la decorazione.

- Anziché puntare l'uncinetto nella maglia successiva verso sinistra, gira l'uncinetto su se stesso con la base dello strumento verso l'alto, e la punta dell'uncinetto verso il basso
- Punta l'uncinetto nella prima maglia di base, verso destra
- Getta il filo e estrailo nella stessa maglia in cui hai puntato l'uncinetto
- Ti renderai conto di aver ottenuto due asole, con la stessa struttura di una classica maglia bassa
- Chiudi la maglia
- Ripeti lo stesso procedimento per tutto il giro di catenelle

- Blocca il filo tramite l'ago e con la realizzazione di piccoli punti nascosti tra le maglie

Il punto gambero non è solitamente classificato tra i punti base dell'uncinetto. Tuttavia, la sua realizzazione è piuttosto semplice, e ti consentirà di conferire un tocco in più ai tuoi lavori.

❖ **Punto maglia rasata: facile anche per i principianti**

Il punto maglia rasata è una tecnica piuttosto conosciuta; tuttavia, esso fa generalmente parte non tanto del mondo dell'uncinetto, bensì dei ferri. Nonostante questa caratteristica, è stata inventata una tecnica per renderlo ugualmente bello visivamente anche con l'utilizzo dell'uncinetto; inoltre, è semplicissimo da realizzare anche per i principianti!

Il punto si ottiene utilizzando una variante della maglia bassa e lavorando in tondo; rispetto alla maglia bassa, la trama che si ottiene risulta un po' più fitta, compatta e soprattutto resistente, adatta a qualsiasi tipo di progetto.
Ti propongo di seguito i passaggi da seguire per realizzare questo punto, semplice ma d'effetto.

Schema per l'esecuzione

- Lavora una fila di catenelle della lunghezza di cui hai bisogno, e chiudi in tondo
- **1° giro:** lavora tutto il primo giro di catenelle con la tecnica della maglia bassa
- **2° giro e seguenti:** prosegui con la maglia bassa per tutto il lavoro, inserendo l'uncinetto al centro delle due gambe a V della maglia bassa del giro precedente

Come hai avuto modo di vedere, il punto maglia rasata richiede davvero pochi e semplici passaggi. Tuttavia, prima di decidere di utilizzarlo ti consiglio di seguire una serie di suggerimenti, tra cui:

- La maglia rasata si utilizza specialmente su lavori in circolo, quindi ideale per la lavorazione di scaldacollo, borse, cappelli e tanto altro ancora

- Essendo dotata di una trama più fitta rispetto a quella standard, la maglia rasata è adatta alla realizzazione di motivi coprenti
- Se intendi utilizzare la maglia rasata per lavori in piano, non in circolo, dovrai servirti dell'utilizzo di giri di sola andata. Ciò significa che, dopo aver terminato ogni giro, dovrai tagliare il filo e iniziare un nuovo giro, senza mai voltare il lavoro
- Un metodo per rendere la creazione più personalizzata è quello di alternare diversi colori di filato durante questo tipo di lavorazione.

❖ **Uncinetto afghano**

L'uncinetto afghano rientra tra le lavorazioni più conosciute e diffuse. Esistono numerose tecniche per realizzarlo, che variano dalle più semplici, adatte per i principianti alle più complesse. Si tratta di una lavorazione che si presta alla creazione di sciarpe e scialli; infatti, il nome deriva proprio dai materiali provenienti dall'Afghanistan, la cui composizione è molto simile a quella degli scialli utilizzati nel paese. Oltre ad essere una tecnica perfetta per le sciarpe, l'uncinetto afghano si presta anche alla creazione di originali trapunte dei più svariati colori.
Se l'uncinetto sta diventando la tua passione e devi fare un regalo a un amico, una sciarpa lavorata con la tecnica dell'uncinetto afghano potrebbe essere la soluzione ai tuoi problemi!

Sul web sono presenti tantissime idee e progetti su questa tecnica, essendo tra le più popolari e semplici da realizzare. Inoltre, l'uncinetto afghano risulta estremamente versatile: oltre a poter utilizzare le colorazioni che più ti piacciono, puoi scegliere di utilizzare combinazioni di pochi punti, o optare per qualcosa di più complesso. Il suo vantaggio sta proprio nei punti utilizzati; per poterlo realizzare, ti basterà conoscere i punti base: punto a catenella, maglia bassa e maglia alta. Se il tuo obbiettivo è quello di dare sfogo alla tua fantasia, l'uncinetto afghano è ciò che fa per te; ricorda, più ti eserciterai, maggiormente sarai in grado di spaziare con le tue creazioni.

Tra le opzioni disponibili, se non intendi lanciarti in un progetto troppo grande, potresti iniziare con un quadrato da centrino, che potresti utilizzare per decorare una coperta.

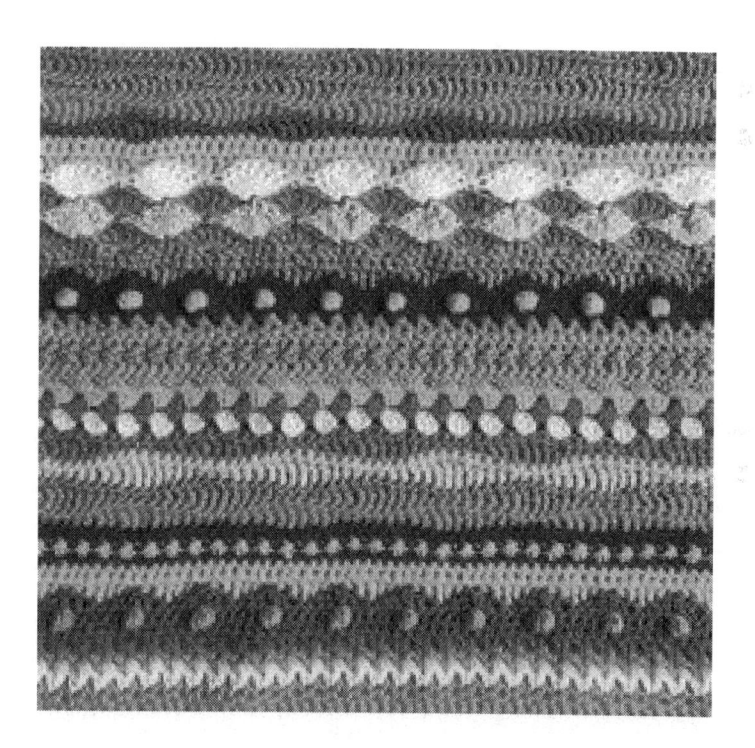

Cosa puoi creare con l'uncinetto afghano

Come dicevamo prima, la lavorazione afghana all'uncinetto è semplice, per cui si presta a essere imparata velocemente anche dai principianti.

Ciò che principalmente distingue questo motivo è la moltitudine di colori utilizzati per realizzarlo; per tale motivo, i prodotti finali sono molto vivaci e allegri, e possono essere utilizzati come regalo destinato a tutte le età, dai più piccoli ai più grandi.

Un'altra caratteristica è che spesso le trapunte afghane possiedono un soggetto centrale, come una bandiera nazionale, o delle composizioni floreali.

Se sei alle prime armi, tra le varie tecniche all'uncinetto utilizzate in questo campo potresti optare per un motivo a strisce, un'idea semplice e veloce.

Considera che, anche in questo tipo di lavorazioni, la scelta del filato ha la sua importanza: in base allo spessore e alla tipologia del tessuto, il lavoro risulterà più morbido, elastico o rigido; si può scegliere tra cotone, lana, spago e così via.

❖ **Uncinetto tunisino**

Questo è un argomento curioso, poiché non si tratta di una tecnica vera e propria; se sei un appassionato di uncinetto, ti sarà capitato di sentirne parlare.

L'uncinetto tunisino rappresenta una via di mezzo tra il lavoro a maglia e l'uncinetto vecchio stile; ciò che lo distingue dall'uncinetto classico è la sua dimensione. Infatti, risulta più lungo rispetto all'uncinetto classico; la dimensione ricorda appunto quella dei ferri utilizzati per il lavoro a maglia.

Gli uncinetti tunisini sono classificati in due categorie: quelli rigidi, e quelli più flessibili. Questi ultimi sono spesso utilizzati, e presentano una giuntura a vite tra cavo e uncino, elemento che garantisce una maggiore flessibilità.

L'uncinetto tunisino presenta inoltre un'ulteriore differenza nella lavorazione rispetto all'uncinetto classico; in questo caso il lavoro si svolge su un solo lato, non prevede quindi un dritto e un rovescio, come accade ad esempio per il lavoro a maglia. Per quanto diverso rispetto a ciò che abbiamo descritto in precedenza, la presenza di un solo lato ti consente di tenere d'occhio con più facilità l'andamento del lavoro.
Ma non solo: la lavorazione con l'uncinetto tunisino ti consentirà di creare un tessuto ancora più resistente, ideale per le coperte e le felpe. Il tessuto risulterà più aderente e con una trama più fitta, costituita da un minor numero di buchi.

Come realizzare l'uncinetto tunisino

Come accennato in precedenza, la tecnica dell'uncinetto tunisino è una via di mezzo tra uncinetto classico e maglia, sia per il tipo di strumento utilizzato (un uncino decisamente più lungo), sia per la tecnica utilizzata.
Se intendi fare un tentativo con questa tecnica, potrai provare anche un uncinetto classico; nel caso in cui la tecnica non faccia per te, eviterai di spendere del denaro inutile su un uncinetto che non utilizzerai.

Vediamo insieme i passaggi.

Schema di esecuzione

- Giro di andata: crea una catenella, inserisci l'uncinetto nella penultima e estrai il filo
- Successivamente, inserisci l'uncinetto nella catenella successiva e estrai il filo
- Ripeti lo stesso passaggio per tutta la fila di catenelle
- Giro di ritorno: getta il filo, fai passare l'uncinetto nel primo punto a sinistra
- Getta nuovamente il filo, e fai passare l'uncinetto nei primi due punti a sinistra
- Continua fino al termine del giro prendendo sempre due punti (solamente all'inizio se ne prende uno).

- In questo modo, avrai ottenuto la base per poter realizzare il punto tunisino vero e proprio.

- Crea una catenella, salta il primo filo verticale e inserisci l'uncinetto nel secondo
- Getta il filo ed estrailo
- Inserisci l'uncinetto nel filo verticale successivo, e ripeti il passaggio precedente fino alla fine
- Giro di ritorno: getta il filo, fai passare l'uncinetto nel primo punto a sinistra
- Getta nuovamente il filo, e fallo passare nei primi due punti a sinistra

Sostanzialmente, si ripetono sempre questi due giri di andata e ritorno per ottenere la tecnica dell'uncinetto tunisino. Il risultato sarà abbastanza compatto rispetto ai lavori cui sei solita dedicarti. Se non ti piace l'effetto, puoi sempre optare per un uncinetto diverso.

❖ **Granny square o mattonelle della nonna**

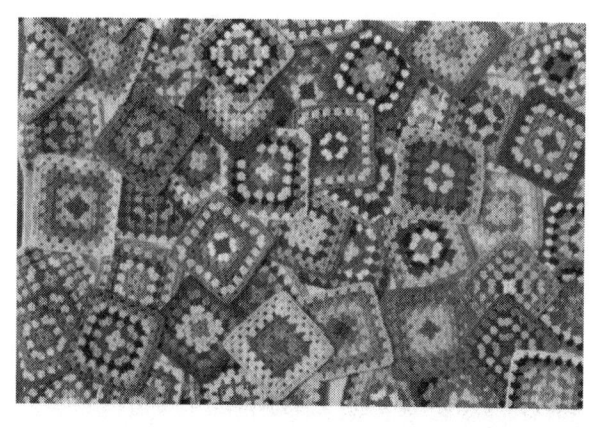

La tecnica del granny square è particolarmente utilizzata e diffusa nel mondo dell'uncinetto; con il passare degli anni, i progetti a disposizione sul web basati su questa tecnica sono sempre più numerosi e articolati.

Fondamentalmente, il granny square consiste in un quadrato realizzato all'uncinetto tramite una tecnica di lavorazione in tondo che si svolge dal centro verso l'esterno.

Si tratta di una lavorazione che andava particolarmente di moda negli anni '70, utilizzata principalmente per la realizzazione di coperte molto colorate; l'aspetto è quello di un pizzo un po' grossolano.

Al giorno d'oggi, la tecnica del granny square è molto utilizzata e non si limita esclusivamente alla creazione di coperte, bensì borse, portamonete, tovaglie e così via.

Per quanto riguarda la tipologia di filato, si può scegliere di utilizzare sia il cotone, sia la lana che l'acrilico; il filato varia spesso in base al progetto, per cui potrai scegliere di utilizzare quello che più ti piace.

L'elemento principale di questa lavorazione sta nella varietà dei colori: più le tue mattonelle saranno colorate, più le tue creazioni appariranno vivaci e personalizzate.

Un'altra caratteristica da non sottovalutare sta nella tipologia dei punti utilizzati: esteticamente, le mattonelle della nonna possono risultare complesse, ma in realtà non lo sono affatto. Infatti, i punti che la caratterizzano sono esattamente i punti base che i principianti imparano quando iniziano a dedicarsi all'arte dell'uncinetto: punto catenella, maglia bassissima, maglia bassa e maglia alta.

❖ Punto triangolini: facile e veloce

L'arte dell'uncinetto, grazie alla miriade di punti a disposizione consente di poter variare tantissimo su ogni lavorazione, dando la possibilità di ottenere delle creazioni originali, facili e personalizzate con l'utilizzo di pochi punti base.

È il caso del punto con triangolini, la cui realizzazione non richiede particolare impegno, e il risultato esteticamente è davvero particolare; potrai utilizzare questo punto su ogni creazione, come ad esempio dei centrini, delle copertine, tovagliette, sottobicchieri e così via. Per realizzarlo dovrai servirti dei seguenti punti: maglie alte e maglie basse intervallate da catenelle.

Schema di esecuzione:

- Avvia un numero di catenelle divisibile per 4
- **Riga 1**: crea 3 catenelle (utili a sostituite la prima maglia alta) e realizza 1 maglia alta per ogni catenella di base

- **Riga 2**: crea 1 catenella, 1 maglia bassa sulla prima maglia sottostante, e 3 catenelle
- Salta 3 maglie di base e crea una maglia bassa nella maglia successiva
- **Riga 3**: fai 3 catenelle e 3 maglie alte nella prima maglia sottostante
- Nella maglia bassa successiva all'archetto di 3 catenelle, realizza 1 maglia basse, 3 catenelle e 3 maglie alte, tutte nella stessa maglia
- Ripeti il passaggio precedente per tutta la riga
- **Riga 4**: realizza 6 catenelle, di cui 3 catenelle che sostituiscono la prima maglia alta, e 3 per l'archetto
- Realizza una maglia bassa sopra la terza catenella del triangolino sottostante, 3 catenelle e nuovamente 1 maglia bassa sulla terza catenella del triangolino successivo
- Ripeti il passaggio precedente per tutta la riga, e chiudila con 1 maglia bassa sull'ultimo triangolino
- Come ultimo passaggio, ripeti lo schema della riga 1 fino a giungere all'altezza che desideri

Come hai avuto modo di vedere, il punto triangolini è costituito da pochi passaggi ripetitivi; nel momento in cui avrai memorizzato e preso confidenza con il meccanismo, potrai completare agevolmente il tuo lavoro. A questo punto, l'unica cosa che ti resta da fare è scegliere la creazione sulla quale applicherai il punto appena imparato.

10 consigli per diventare esperti nell'arte dell'uncinetto

Nel capitolo precedente hai avuto modo di conoscere una serie di punti utilizzati comunemente nella lavorazione all'uncinetto; nel caso in cui volessi approfondire quest'arte, provando sempre nuovi punti e nuove creazioni, di seguito troverai diversi consigli che ti torneranno utili per diventare un vero e proprio esperto!

1. Se non hai abbastanza tempo a disposizione perché troppo impegnata a occuparti delle faccende domestiche e a fare la mamma, non temere, la soluzione c'è! Essendo l'uncinetto adatto a tutte le età, potresti decidere di insegnare questo hobby divertente ai tuoi figli piccoli; potrai partire da come tenere l'uncinetto, come fare un nodo e così via, una serie di operazioni semplici che li terranno impegnati, e ti consentiranno al tempo stesso di esercitarti.
2. Se incontri spesso delle difficoltà per avvolgere il filo, potresti usare un metodo semplicissimo che consiste nell'avvolgere il filo su due dita; continua ad avvolgerlo fino a formare un vero e proprio gomitolo; quando quest'ultimo sarà diventato abbastanza grande, sfila le dita e continua ad avvolgere il filo rimanente.
3. Non unire due tipi di filato diversi. Partiamo dal fatto che, se lavati, i filati possiedono tempi di asciugatura differenti (come nel caso di cotone e acrilico), e potresti correre il rischio che il lavoro si deformi. Inoltre, a lavoro terminato

c'è un'alta probabilità che possa notarsi la differenza tra un filato e l'altro, rendendo il risultato poco piacevole.

4. Se sei alle prime armi e interrompi la lavorazione per qualsivoglia motivo (motivi lavorativi, faccende domestiche etc), ricordati di utilizzare dei ferma punti; questi ti consentiranno di riprendere il lavoro dal punto esatto in cui l'hai iniziato, senza creare confusione.
5. Mentre svolgi il lavoro, segna su dei post-it i punti che hai utilizzato, specialmente se questi ultimi sono diversi rispetto a quelli proposti dallo schema. In tal modo, al termine della lavorazione sarai in grado di individuare tutti i passaggi svolti, e utilizzare gli stessi passaggi per un altro progetto.
6. Quando hai terminato il primo giro e ti appresti ad iniziarne uno nuovo, esegui sempre una catenella di ritorno; in questo modo il tuo lavoro risulterà pulito, senza che si creino eventuali confusioni.
7. Questo suggerimento è in qualche modo legato al punto 4; nel caso in cui non avessi dei ferma punti a disposizione, o delle spille, potresti utilizzare un filo di colore diverso e fissarlo con un nodo, che potrai sciogliere al termine del lavoro; il contrasto di colore ti consentirà di individuare agevolmente il punto esatto.
8. Se stai lavorando a un progetto che impone l'utilizzo di due colori diversi dal principio, non spezzare continuamente il filo quando devi alternare il colore, o iniziare un nuovo giro; piuttosto, parti subito con l'utilizzo di due fili, alternandoli sull'uncinetto
9. Nonostante sia alle prime armi, non limitarti all'utilizzo di un solo uncinetto; questa scelta potrebbe sia spezzare la

creatività, sia limitare il numero delle creazioni che potresti ottenere. I materiali per questa tecnica si trovano a prezzi davvero irrisori per cui, per iniziare, acquista almeno 2 o 3 uncinetti, in modo tale che possa alternare e variare le creazioni che hai in mente.
10. Lo stesso discorso del punto 9 vale per l'utilizzo dei filati. In commercio, sono numerosissimi i filati a disposizione: dal cotone, alla lana fino a giungere all'acrilico. Il metodo ideale per testare le tue abilità e competenze sta nel provare le tue lavorazioni con diversi tipi di filati. In tal modo, sarai in grado di capire quale filato fa per te, che risultati sarai in grado di ottenere e così via.

I 5 errori più comuni quando si lavora all'uncinetto

Quando ci si affaccia per la prima volta al mondo dell'uncinetto, ti capiterà inevitabilmente di ricadere fra gli errori più comuni, ma non temere. Tutti sbagliamo all'inizio di una nuova attività: per evitare di scoraggiarti, ti basterà seguire una serie di consigli che ti elencherò di seguito per capire come comportarsi in determinate situazioni.

1. **Hai teso troppo il filo**. Inizialmente, non possedendo ancora la manualità giusta ti potrà capitare di tenere il filo troppo teso; di conseguenza, il lavoro potrebbe rischiare di sfilarsi. Quando prendi in mano l'uncino, cerca di gettare sempre un occhio alla posizione della tua mano e alla tensione del filo.

Con qualche accorgimento, abituerai la tua gestualità, in modo tale che il lavoro non si fili.

2. **Hai dimenticato la catenella per il cambio giro.** Se sei un principiante, c'è la possibilità che non possa rendertene conto subito; tuttavia, se dimentichi la catenella per il cambio riga, si rischia di perdere d'occhio il punto d'inizio per la riga. In questo caso, la soluzione ideale sta nel tenere a mente di creare sempre una o più maglie all'inizio della riga. Potresti inoltre servirti di un segna-maglie, che ti aiuterà a capire fin dove lavorare la riga successiva.

3. **Bordi non uniformi.** Questo errore è in qualche modo realizzato al punto 2. I bordi non uniformi si presentano quando tutti i punti non sono lavorati correttamente in successione, e dimenticando di aggiungere la catenella di ritorno.

4. **L'uncinetto è della misura sbagliata.** In questo caso non si tratta di un vero e proprio errore; quando si è agli inizi, può capitare di utilizzare l'uncinetto dello spessore errato, e questo influirà sulla dimensione e la forma del lavoro. Il consiglio è quello di seguire ciò che c'è scritto sull'etichetta del gomitolo; in questo caso sarai maggiormente in grado di orientarti sulla giusta misura.

5. **Timore di provare un nuovo punto.** Spesso, per timore di rovinare il lavoro, si tende a utilizzare i punti su cui si ha più dimestichezza senza azzardare qualcosa di nuovo. Tuttavia, vi è una soluzione anche a questo: se non vuoi correre rischi, potresti realizzare una serie di modelli di prova, in modo tale da non dover disfare il lavoro principale nel caso in cui commetta errori.

Capitolo 6

Progetti all'uncinetto per principianti

Progetti per principianti: idee

Nel corso del manuale abbiamo trattato tutta una serie di argomenti utili a far sì che approfondissi la parte teorica riguardante l'arte dell'uncinetto. Adesso è arrivato il momento di mettere in pratica ciò che hai imparato!

Una domanda che spesso si pongono i principianti è: "e adesso su cosa lavoro?"
Il ritorno di moda dell'arte dell'uncinetto ha reso possibile che sul web si diffondesse un numero sempre più alto di progetti; inoltre, specialmente durante quest'anno abbiamo dovuto trascorrere gran parte del nostro tempo fra le mura di casa, e ci siamo spesso ritrovati a corto di idee. Ti propongo di seguito un elenco di idee per principianti dal quale prendere spunto nel caso in cui non sapessi da dove iniziare; tieni presente che potrai lavorare su questi progetti utilizzando sia il filato di cotone o, se preferisci, il filato di lana.

- **Presine rettangolari o quadrate**. Le presine possono essere realizzate con il solo utilizzo del punto maglia bassa o, se preferisci potresti combinare la serie di punti che conosci; inoltre, se miri a rendere il tuo progetto più fantasioso potresti optare per l'utilizzo di più colori;
- **Scalda tazze colorati**. Si tratta di semplici rettangoli all'uncinetto che potrai scegliere di decorare come preferisci, sia con l'utilizzo di qualche punto decorativo (come quelli che abbiamo accennato in precedenza), sia con l'aggiunta di bottoni, bordi colorati e così via;
- **Canovacci**. Per la realizzazione di un canovaccio o una salviettina puoi utilizzare lo stesso tipo di lavorazione che richiede una presina; chiaramente, il numero di punti e giri cambierà in base alla dimensione che hai in mente;
- **Copertine per bambini**. Le copertine possono essere realizzate con l'utilizzo di punti quali maglia bassa, maglia alta o la combinazione di entrambi; se vuoi rendere la copertina più personalizzata, potresti scegliere di utilizzare il punto traforato;
- **Braccialetti**. I braccialetti richiedono una lavorazione molto semplice e veloce basata sulla maglia bassa; in poco tempo potresti creare qualcosa per te, o un regalo per un'amica.
- **Sottopiatti o sottobicchieri**. Questi possono essere realizzati sempre con l'utilizzo della maglia bassa; in alternativa, potresti suddividerli in due semicerchi e lavorare una parte con un punto traforato, e l'altra con il punto catenella;

- **Puntaspilli.** Di forma quadrata, anche in questo caso parliamo di un progetto molto rapido e semplice. Puoi realizzarlo lavorando una serie di righe di andata e ritorno, decorandolo successivamente con qualche nastro o bottone.

Dopo aver dato un'occhiata all'elenco, di seguito una serie di progetti per principianti, accompagnati da relativo schema e spiegazione. In questo modo potrai subito metterti all'opera, seguendo i passaggi passo dopo passo.

Sei pronto?

Progetto #01 - Pesce all'uncinetto

Si tratta di un progetto colorato, originale e soprattutto semplice, poiché realizzato con l'unione di più maglie basse. Puoi scegliere di imbottirlo con delle sostanze profumate, o semplicemente appenderlo in casa dove più ti piace, e utilizzarlo come elemento decorativo.

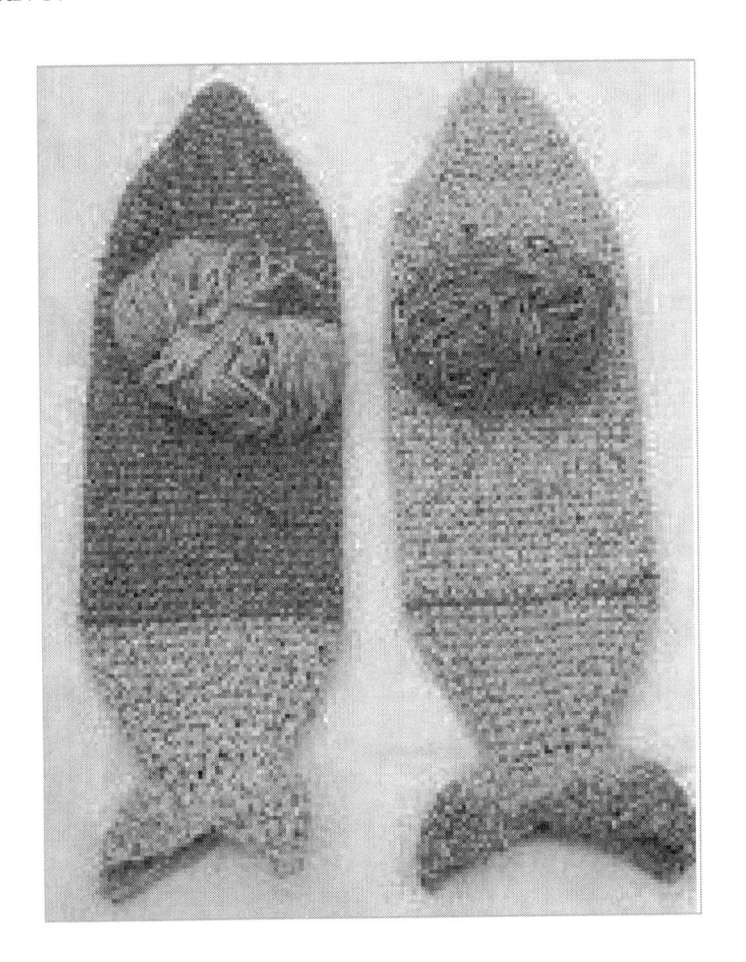

Materiali per realizzarlo

- 3 gomitoli di colore rosa, blu e celeste, da 50 gr l'uno di Rowal Purelife Revive (o quelli che trovi disponibili sul mercato)
- Uncinetto da 3.5

Schema per l'esecuzione

- Crea 6 maglie basse nell'asola con filato rosa 6
- Crea 1 maglia bassa in ognuna delle 2 maglie basse seguenti; nuovamente, 1 maglia bassa in ognuna delle 2 maglie basse seguenti; 2 maglie basse nella maglia bassa seguente; ripeti una volta da "a"
- Crea 1 maglia bassa in ognuna delle 3 maglie basse seguenti; successivamente, 2 maglie basse nella maglia bassa seguente, e ripeti una volta da "a"
- Crea 1 maglia bassa in ognuna delle 4 maglie basse, 2 maglie basse nella maglia bassa seguente, e ripeti una volta da "a"
- Crea 1 maglia bassa in ognuna delle 5 maglie basse seguenti, 2 maglie basse nella maglia bassa seguente, ripeti una volta da "a"
- Crea 1 maglia bassa in ognuna delle 6 maglie basse seguenti, 2 maglie basse nella maglia bassa seguente, ripeti una volta da "a"
- Crea 1 maglia bassa in ognuna delle 7 maglie basse seguenti, 2 maglie basse nella maglia bassa seguente, ripeti una volta da "a"

- Crea 1 maglia bassa in ognuna delle 8 maglie basse seguenti, 2 maglie basse nella maglia bassa seguente, ripeti una volta da "a"
- Crea 1 maglia bassa in ognuna delle 9 maglie basse seguenti, 2 maglie basse nella maglia bassa seguente, ripeti una volta da "a"
- Ripeti il passaggio per altre 2 volte, aggiungendo una maglia al primo passaggio di ogni step
- Crea 1 maglia bassa in ognuna delle maglie basse seguenti con aumento sulla decima e sulla ventesima
- Ripeti il passaggio precedente
- Crea 1 maglia bassa in ognuna delle maglie basse seguenti con aumento sulla 15ima e sulla 30ima
- Ripeti il passaggio precedente
- 1 maglia bassa in ogni maglia bassa 34
- 1 maglia bassa in ogni maglia bassa ma con il filato blu
- 1 maglia bassa in ogni maglia bassa ma con il filato verde
- 15 maglia bassa+1 maglia bassa nelle 2 maglie basse seguenti (dim), ripeti una volta da "a"
- 14 maglie basse+1 maglia bassa nelle 2 maglie basse seguenti, ripeti 1 volta da "a"
- Ripeti il passaggio precedente per 4 volte, scalando sempre di una maglia nel primo step (da 14 maglie basse a 13, e così via)
- 8 maglie basse+1 nelle 2 maglie basse seguenti, ripeti 1 volta da "a"
- 7 maglie basse+1 nelle 2 maglie basse seguenti, ripeti una volta da "a"

- 6 maglie basse+1 nelle 2 maglie basse seguenti, ripeti una volta da "a"
- Ripeti il passaggio precedente per 2 volte, scalando di una maglia nel primo step
- 8 maglie basse+1 nelle 2 maglie basse seguenti, ripeti 1 volta da "a"
- Ripeti il passaggio precedente per altre 4 volte, scalando sempre di una maglia nel primo step
- 1 maglia alta in ognuna delle maglie basse del giro precedente + 1 maglia bassissima
- 1 maglia alta in ognuna delle maglie basse del giro precedente + 1 maglia bassissima
- 23 maglie alte + 1 maglia bassa + 23 maglie alte + 1 maglia bassa con filato blu
- 23 maglie alte + 1 catenella

Come hai avuto modo di vedere, i passaggi da svolgere sono diversi, ma non temere: man mano che svolgerai uno step, ti renderai conto che acquisirai sempre maggiore manualità: è più difficile a dirsi che a farsi!

Schema per la coda

La prima cosa che dovrai fare per ottenere la coda è realizzare due triangoli della stessa dimensione. Serviti della maglia bassa, inizia e finisci ogni giro con una diminuzione. Successivamente:

- Volta il lavoro e focalizzati sulla lavorazione dei punti appena ottenuti
- Ad ogni giro, fai una mb nelle 2 mb seguenti (dim) e 1 mb per ogni mb del giro precedente, tranne le ultime 2 in cui va eseguita 1 mb nelle 2 mb seguenti (diminuzione) + 1 catenella
- Volta nuovamente il lavoro e riprendi a lavorare sulle mb appena ottenute
- Rifinisci la coda con un giro di maglia bassa (opzionale)

Infine, come accennato in precedenza potrai utilizzare il tuo pesce all'uncinetto come preferisci: potresti scegliere di regalarlo inserendo delle caramelle all'interno, o riempirlo di sostanze profumate. A te la scelta!

Progetto #02 – Cover per smartphone

Al giorno d'oggi, lo smartphone si può dire rappresenti il prolungamento del nostro braccio. Lo abbiamo sempre in mano, lo utilizziamo per qualsiasi cosa: leggere un libro, cercare informazioni, guardare un film, o semplicemente per mantenere le relazioni sociali.

Per questo motivo, ho pensato che proporre una lavorazione come una cover potesse essere sia utile, sia originale; in questo modo potrai sia mantenere il tuo smartphone in ottime condizioni, sia, se sei a corto di idee, scegliere di regalare la tua protezione personalizzata a un amico che ha appena acquistato un nuovo modello.

Il procedimento si basa esclusivamente sull'utilizzo di punti base (quali catenella e maglia bassa), per cui non avrai bisogno di conoscenze approfondite per dar vita alla tua creazione.

Materiali e strumenti per la realizzazione

- 1 gomitolo di lana del colore che preferisci
- Uncinetto di medio spessore (un n°3 può andare)
- Velcro

Schema per l'esecuzione

- Prendi le dimensioni del tuo smartphone, larghezza e lunghezza
- Realizza una serie di file di catenelle in base alle dimensioni del telefono
- Realizza una maglia bassa in ciascuna catenella, saltando sempre la catenella più vicina all'uncinetto
- Una volta che sarai giunto alla fine della serie di catenelle, realizza una maglia bassa in ciascuna maglia bassa ottenuta
- Durante questi step, non girare mai il lavoro
- Dopo qualche giro, prova a inserire il telefono nella "conca" appena ottenuta, in modo tale da assicurarti di aver preso le misure correttamente
- Continua realizzando qualche altro giro, fino a sorpassare lo smartphone di un giro o due
- Lavora fino a circa metà giro, fai una catenella e gira il lavoro
- Fai tre maglie basse
- Fai una catenella, gira nuovamente il lavoro e crea tre maglie basse su quelle precedenti, fino a formare il laccetto di chiusura

- Cuci un piccolo pezzo di velcro sul laccetto e sulla custodia appena realizzata

Dato che ti sto fornendo una serie di informazioni riguardanti dei progetti per principianti, è importante che tenga in considerazione un altro consiglio a proposito di questo progetto. Nel caso in cui decidiate di utilizzare più colori per la vostra cover: una volta realizzato il taglio dopo il nodo di chiusura, lascia circa 5/10 cm di filo. Utilizzerai quest'ultimo come ripasso sul lavoro con l'aiuto di un ago da lana, tinta su tinta.

Progetto #03 – Fiori con petali a punta

Se ti piacerebbe decorare la tua casa con qualcosa di delicato, originale e colorato, questo è sicuramente il progetto che fa per te. Si tratta di piccole decorazioni a forma di fiore, che possiedono la particolarità dei petali a punta, elemento che li rende simili a delle piccole stelle. Inoltre, ti ci vorranno solamente 5 minuti per realizzarli!

Materiali e strumenti per la realizzazione

- Uncinetto n° 2.5
- Filato di cotone

Non è necessario che utilizzi questi due strumenti; questi di sopra sono quelli utilizzati come riferimento al progetto, ma potresti scegliere di optare per un filato di lana e un uncinetto più spesso.

Schema per l'esecuzione

- Crea una catenella di avvio composta da 5 catenelle

Primo giro:
- Realizza una catenella e 10 maglie basse nel cerchio
- Chiudi il giro con una maglia bassissima nella catenella di inizio giro

Secondo giro:

- Crea 1 catenella e 1 maglia bassa nella maglia bassa sottostante
- Crea 5 catenelle e 1 maglia bassa nella stessa maglia bassa sottostante
- Crea 1 catenella e salta la maglia bassa sottostante
- Ripeti i passaggi fino alla fine del secondo giro
- Chiudi con una maglia bassissima nella catenella di inizio giro
- Al termine, dovrai aver ottenuto 6 archetti.

Terzo giro. Lavora in ciascun archetto con il seguente procedimento:

- Crea 1 maglia bassa, 1 mezza maglia alta, 3 maglie alte, 1 pippiolino
- Crea 3 catenelle e una maglia bassa nella prima catenella
- Procedi in ogni archetto con 3 maglie alte, 1 mezza maglia alta, 1 maglia bassa
- Continua con lo stesso procedimento per ciascun archetto
- Chiudi il giro con una maglia bassissima e termina il lavoro
- Nascondi il filo tra le maglie.

Come hai avuto modo di vedere, per realizzare questo bellissimo e originale fiore a sei punte sono necessari solamente tre giri; in poco tempo potrai vedere terminata la tua opera.

A tua scelta, potrai successivamente decidere se inamidarlo o meno.

Progetto #04 - Scaldacollo

Tra i progetti presenti in questo manuale, non poteva certo mancare qualcosa di caldo e avvolgente, realizzabile agevolmente anche da coloro che sono alle prime armi. Si tratta di uno scaldacollo all'uncinetto caldo e avvolgente; per realizzarlo dovrai servirti di due soli dei punti base fondamentali: punto a catenella e maglia bassa.

Dimensioni del lavoro: cm 70x40
Scaldacollo non cucito: cm 140x40

Ricordati di tenere a mente che le catenelle devono essere multiple di 4 + 2, per poi poter voltare agevolmente il lavoro. In questo caso sono state utilizzate 62 catenelle; quindi 60, che è un multiplo di 4 più due catenelle aggiuntive; tuttavia, ciò dipende dalle dimensioni, e specialmente dalla lunghezza che volete ottenere per il vostro scaldacollo. Tieni a mente questo conteggio e ricorda di aggiungere due catenelle nel momento in cui stai iniziando il primo giro.

Materiali e strumenti per la realizzazione

- Uncinetto n° 15
- Filato di lana "Naturalia - Bordo de' Pazzi" da 200 gr (in alternativa, il filato di lana che avete a disposizione)
- Ago da lana

Schema per l'esecuzione

Dopo aver realizzato le 62 maglie, segui i passaggi qui descritti.

Primo giro

- Salta una catenella e crea una maglia bassa nella catenella successiva
- Lavora su 5 catenelle, salta 3 catenelle di base e lavora 1 maglia bassa nella quarta catenella
- Ripeti il passaggio precedente fino alla fine delle catenelle
- Lavora 5 catenelle e gira il lavoro.

Secondo giro

- Lavora 1 maglia bassa nell'archetto delle 5 catenelle sottostanti
- Crea 5 catenelle

- Ripeti il primo passaggio fino alla fine del giro
- Prosegui il lavoro ripetendo i passaggi del secondo giro.

Nel momento in cui l'altezza del lavoro giunge fino ai 40 cm circa, fermati e taglia il filo, lasciando circa 40 cm di filo; questo ti servirà per chiudere le due estremità dello scaldacollo. Serviti di un ago da lana per cucire insieme le due estremità invertite.

Come ti ho accennato in precedenza, si tratta di una lavorazione semplice; richiede il suo tempo, ma le conoscenze dei punti base ti saranno sufficienti per la realizzazione del tuo scaldacollo. E ora, che aspetti?

Progetto #05 - Tovaglietta all'americana

Questa tipologia di lavorazione potrebbe tornarti molto utile, specialmente se, per impegni sociali o lavorativi pranzi sempre al volo e di fretta. Inoltre, se pranzi in ufficio, potresti sfoggiare la tua tovaglietta handmade con i tuoi colleghi.

Se sei alle prese con i tuoi primi progetti, e temi che la tua creazione possa finire in un fallimento, non hai di che preoccuparti: la tovaglietta americana all'uncinetto è davvero semplice e veloce.

Inoltre, la lavorazione richiederà dei punti davvero semplici: maglia bassa, mezza maglia alta e, a tua discrezione, il punto gambero, di cui abbiamo parlato in precedenza.

Materiali e strumenti per la realizzazione

- Uncinetto n°3
- Filato di cotone ritorto, 2 colori (a scelta)

Schema per l'esecuzione

- Realizza 82 catenelle

Primo giro

- Salta 3 catenelle e, a partire dalla quarta, realizza 1 mezza maglia alta per ogni catenella sottostante, fino a ottenere 79 mezze maglie alte
- Alla fine del giro, avrai 80 catenelle, comprese le 3 iniziali
- Realizza 2 catenelle e gira il lavoro

Secondo giro

- Crea 79 mezze maglie alte per ogni mezza maglia alta sottostante
- Procedi fino alla fine con la lavorazione della mezza maglia alta
- Esegui 2 catenelle prima di girare il lavoro
- Successivamente, lavora su righe di andata e ritorno fino ad ottenere 38 righe
- Una volta terminato il procedimento, spezza il filo

- Ricomincia con il filo del secondo colore, che ti servirà per realizzare la bordura.

Bordura della tovaglietta con punto gambero

- Sui lati lunghi della tovaglietta, procedi a maglia bassa creando una maglia bassa per ogni maglia sottostante
- Sui lati corti, crea due maglie basse in corrispondenza dell'altezza di ogni giro
- Terminata la parte a maglia bassa, procedi con il punto gambero
- Sui lati lunghi, realizza un punto gambero per ogni maglia bassa sottostante
- Sui lati corti, realizza invece tre punti gambero saltando la quarta maglia bassa (3 maglie con il punto gambero, una no)
- Taglia il filo, bloccalo con un nodo e nascondi tra le maglie il rimanente.

Una volta che avrai acquisito manualità con il procedimento, potrai realizzare tutte le tovagliette che desideri, e dei colori che più ti piacciono; in questo modo, potrai scegliere di invitare le tue amiche e condividere con loro le tue creazioni.

Progetto #06 - Presine da cucina

Gli accessori in cucina non sono mai troppi: utilizziamo ogni giorno presine, strofinacci, grembiuli, e così via.

Se desideri dare un tocco più originale e colorato a ciò che già possiedi, questo potrebbe essere il progetto adatto a te; facile, veloce e bello da mostrare.

Ma non solo: le presine da cucina all'uncinetto potrebbero essere un fantastico regalo handmade; potrebbe capitare che un'amica che ha appena preso casa possa averne bisogno!

Materiali e strumenti per la realizzazione

- Uncinetto n°7
- Il filato di lana che preferisci, di qualsiasi colore

Schema per l'esecuzione del modello quadrato

- Inizia il lavoro con la creazione di 12 catenelle
- Crea una maglia bassa in ogni punto per 15 giri
- Al termine di ogni giro, crea una catenella e gira il lavoro
- Ogni 5 giri, riprendi il lavoro con un filato di colore diverso
- Per la rifinitura, crea una bordatura per la presina con la maglia bassa
- Aggiungi una serie di 12 catenelle
- Terminata la serie, nascondi il filo tra le maglie.

Schema per l'esecuzione del modello rotondo

Se vuoi dedicarti alla realizzazione di una presina più impegnativa, potresti optare per la creazione di due presine circolari, che vengono successivamente unite e rifinite. Dai un'occhiata allo schema di seguito.

- Inizia creando 3 catenelle, e chiudi il cerchio
- Primo giro: esegui 3 catenelle e una maglia alta
- Lavora 13 catenelle allo stesso modo descritto nel passaggio precedente

- Secondo giro: esegui 3 catenelle e crea 2 maglie alte per ogni punto
- Terzo giro: crea 3 catenelle, due maglie alte e una catenella
- Per i punti successivi, ripeti la sequenza composta da 2 maglie alte e una catenella
- Quarto giro: esegui 3 catenelle. Lavora con 2 maglie alte e una catenella per tutto il giro, fino a terminarlo
- Quinto giro: crea 3 catenelle e esegui una maglia alta, 2 maglie alte nel punto successivo e 1 catenella, fino a completare il giro
- Sesto giro: forma 3 catenelle e lavora nello stesso punto due maglie alte, 2 maglie alte e 2 catenelle
- Per ogni giro, chiudi con una maglia bassissima nel terzo punto.

Una volta che avrai ottenuto due presine rotonde, sovrapponile e mettile insieme con i seguenti step: 5 maglie alte, 2 catenelle, una maglia bassa sul foro e 2 catenelle.

Ho pensato di descrivere entrambi i progetti perché, nonostante siano dedicati ai principianti, il secondo risulta un po' più impegnativo. Tuttavia, vale il solito discorso: l'impegno, la pazienza e la manualità ti permetteranno di ampliare sempre di più il ventaglio dei progetti a disposizione.

Progetto #07 – Poncho senza cuciture

Il poncho che potrai realizzare con questo schema consiste in qualcosa di davvero semplice: partiamo dal fatto che non possiede cuciture, elemento che renderà più semplice la lavorazione; inoltre, potrai scegliere la dimensione che preferisci poiché il lavoro crescerà man mano che si procede con la lavorazione.

In questo caso, per la realizzazione sono stati utilizzati due filati di lana di colore diverso, precisamente 250 gr di beige e 150 gr di nero; se l'accostamento di questi due colori non dovesse piacerti, potrai comunque scegliere i colori che preferisci. Un altro elemento che rende questa lavorazione estremamente semplice sta nell'utilizzo di punti base fondamentali: punto catenella, maglia bassa e maglia alta e, in rari casi la maglia bassissima.

Materiali e strumenti per la realizzazione:

- Uncinetto n°3
- Forbici
- Ago da lana
- Marca punti

Schema per l'esecuzione

Per il collo:

- Con il filato di lana nero, realizza 103 catenelle
- Partendo dall'uncinetto, salta le prime 3 catenelle
- Dalla 4° catenella, realizza 1 maglia alta in ogni maglia sottostante, fino alla fine
- Realizza successivamente 3 catenelle, che andranno a sostituire la maglia alta
- Gira il lavoro e fai un giro di maglia alta fino alla fine, ma in costa retro (lavora quindi sulla costa esterna)
- Alterna un giro di maglie alte e uno in costa retro per un totale di 7 giri
- Piega il lavoro a metà, chiudendo il lato con una serie di maglie bassissime
- Realizza una serie di maglie basse nella parte inferiore del lavoro, e segna l'inizio del giro con un fermapunti
- Successivamente, crea 2 maglie basse in ogni maglia
- Chiudi il giro con una maglia bassissima
- Crea 3 catenelle, 2 maglie alte e un'altra catenella

- Salta 1 maglia di base e crea 3 maglie alte + 1 catenella; prosegui con questi passaggi per tutto il giro
- Al termine del giro, fai 1 catenella e chiudi con una maglia bassissima nella terza delle 3 catenelle realizzate all'inizio
- Taglia il filo.

Dopo aver terminato, metti un fermapunti nell'archetto che hai appena ottenuto; successivamente, conta gli archetti e dividi il numero totale a metà; posiziona un altro fermapunti. In questo modo, avrai diviso il lavoro esattamente a metà.
Il passaggio successivo sta nell'individuare i punti in cui hai posizionato i diversi fermapunti; realizza l'aumento con la creazione di 3 maglie alte, 1 catenelle e altre 3 maglie alte, lavorando tutti i punti nello stesso archetto.

- Servendoti del filo beige, aggancia il filo nel primo fermapunti che hai posizionato
- Realizza il primo aumento a metà: crea 3 maglie alte, di cui la prima sarà sostituita da 3 catenelle. Concluderai l'aumento al termine del giro
- Giunto al fermapunti crea 3 maglie alte, 1 catenella e 3 maglie alte, lavorando tutti i punto sullo stesso archetto
- Lavora la parte laterale seguendo i passaggi descritti nello schema di sopra
- Una volta che sarai arrivato al primo fermapunti, entra nell'archetto e crea 3 maglie alte e 1 catenella
- Chiudi il giro con una maglia bassissima nella terza delle 3 catenelle fatte all'inizio

- Ripeti questo schema per tutti i giri, fino a giungere alla grandezza desiderata.

In totale, se per esempio il tuo lavoro è composto da 30 giri, dovrai alternare 6 giri beige e 2 neri, in modo da creare il giusto contrasto di colore.

Per il bordo:

- Prendi il filato nero e inizia la lavorazione partendo da uno dei due angoli
- Per ogni giro, lavora sull'angolo per metà, concludendo la lavorazione al termine del giro
- Fai un giro di maglia bassa
- Fai 3 catenelle, 4 maglie alte, 2 catenelle
- Dal giro successivo, realizza 5 maglie alte
- Salta 2 maglie e ripeti il gruppo di maglie appena descritto (3 cat, 5 ma, 2 cat) fino al termine del giro
- Realizza 3 catenelle, entra nell'archetto di 2 catenelle e crea 10 maglie alte più 1 maglia bassa nello spazio tra un gruppo e un altro
- Crea 3 catenelle, entra nel gruppo successivo e ripeti la sequenza di maglie alte
- Prendi il filato beige e lavora sul rovescio del lavoro
- Aggancia il filo nella catenella che precede il ventaglio
- Crea 5 catenelle in rilievo sulla maglia del ventaglio
- Successivamente, realizza 2 catenelle e 5 maglie alte in rilievo, ma sul davanti

- Lavora con questo procedimento il restante numero di ventagli.

In questo modo avrai finalmente ottenuto il tuo poncho senza cuciture! Potrai scegliere di indossarlo nei freddi mesi invernali, o decidere di regalarlo a un'amica per qualche occasione.

Progetto #08 - Bottoni decorativi

Se sei un'amante dei bottoni, tieni conto del fatto che è possibile ottenere dei bottoni decorativi e personalizzati in qualsiasi modo; tuttavia, se l'uncinetto sta diventando la tua passione, esiste un modo semplice e veloce per realizzarli in meno di 5 minuti!
La lavorazione richiede esclusivamente un punto base fondamentale, la maglia bassa e la creazione dell'anello magico: niente di più semplice!

Strumenti e materiali per la realizzazione

- Filato di cotone a tua scelta (di qualsiasi colore)
- Uncinetto di medio spessore (es. n°5)

Tieni a mente che i bottoni, per essere utilizzati adeguatamente richiedono una certa rigidità; per ottenerla, ti basterà semplicemente raddoppiare il filo durante la lavorazione.

Schema di esecuzione

- Crea un anello magico (se non ricordi il procedimento, troverai gli step all'inizio del libro)
- Realizza il primo giro con 6 maglie basse
- Successivamente, chiudi le maglie basse con una maglia bassissima
- Realizza il secondo giro sempre con il punto maglia bassa, inserendo un aumento per ogni punto del giro precedente
- Otterrai in questo modo 12 maglie basse totali
- Chiudi nuovamente il giro con una maglia bassissima.

Il terzo e ultimo giro del bottone consiste nella rifinitura; potrai realizzarla sia con una maglia bassissima, sia con il punto gambero, in entrambi i casi senza effettuare aumenti. Una volta che avrai completato il giro, nascondi i fili sul retro del bottone. Prima accennavo alla rigidità del bottone; oltre all'utilizzo del filo doppio, per ottenere un bottone rigido e il più simile possibile a un bottone vero, puoi basarti su questi 3 suggerimenti:

- Per questa tipologia di lavorazione, il cotone è il filato ideale, essendo più resistente e meno elastico rispetto alla lana; in alternativa, puoi scegliere di utilizzare il filo doppio;
- Utilizza un uncinetto di dimensioni leggermente più piccole rispetto a quello che useresti solitamente per un filato spesso e tieni d'occhio la tensione del filo, è importante che il filo non risulti allentato.

Progetto #09 – Fragola amigurumi

Gli amigurumi sono i cosiddetti "pupazzi" dell'uncinetto. Specialmente da quando l'uncinetto è tornato di moda in questi ultimi anni, sono sempre più numerosi i progetti a disposizione sul web.

In questo caso il progetto consiste nella creazione di una piccola fragola, una lavorazione che si adatta perfettamente a chi è alle prime armi.

Sulla rete potrai trovare degli schemi più complessi da eseguire; tuttavia, se questa è una delle tue prime esperienze nel mondo del crochet, mirare a uno schema basato su un progetto complesso potrebbe scoraggiarti, motivo per cui consiglio sempre a chi è alle prime armi di iniziare con qualcosa di più semplice.

Anche in questo caso, verranno utilizzati i punti più conosciuti e diffusi: maglia bassa e maglia bassissima.

Materiali e strumenti per la realizzazione

- Uncinetto n°3
- Filato di lana rosso
- Filato di lana verde
- Ovatta a fiocco

Schema per l'esecuzione del corpo della fragola

- Crea un anello magico di 4 maglie basse
- Chiudilo con una maglia bassissima
- Primo giro: esegui un aumento e una maglia bassa
- Ripeti il passaggio precedente per 3 volte, per 6 maglie basse
- Secondo giro: esegui un aumento e una maglia bassa
- Ripeti il passaggio precedente per 3 volte, per 9 maglie basse
- Terzo giro: esegui una maglia bassa in ogni punto, per 9 maglie basse
- Quarto giro: esegui un aumento e due maglie basse
- Ripeti il passaggio precedente per 3 volte, per 12 maglie basse
- Quinto giro: esegui una maglia bassa per ogni punto, per 12 maglie basse
- Sesto giro: esegui un aumento e 3 maglie basse
- Ripeti il passaggio precedente per tre volte, per 15 maglie basse
- Settimo giro: una maglia bassa per ogni punto, per 15 maglie basse

- Ottavo giro: esegui un aumento e 4 maglie basse
- Ripeti il passaggio precedente per 3 volte, per 18 maglie basse
- Nono giro: Esegui un aumento e 5 maglie basse.
- Ripeti per tre volte il passaggio precedente, per 21 maglie basse
- Decimo giro: esegui una diminuzione e una maglia bassa
- Ripeti il passaggio precedente per 7 volte, per 14 maglie basse
- Imbottisci il corpo della fragola con l'ovatta sintetica
- Undicesimo giro: esegui una diminuzione per ogni maglia bassa
- Ripeti il passaggio precedente per 7 volte, per 7 maglie basse.

Lavorazione del picciolo della fragola

- Crea un anello magico composto da 6 maglie basse
- Chiudilo successivamente con una maglia bassissima
- Primo giro: crea 4 catenelle, e torna indietro con 4 maglie basse
- Chiudi il giro di base con una maglia bassissima
- Esegui lo stesso procedimento per tutte e 5 le punte del picciolo
- Chiudi il sesto punto con una maglia bassissima.

Potreste anche scegliere di voler appendere la fragola. In questo caso, vi basterà creare una fila di catenella con il filato verde. Infine, unite il picciolo alla fragola con ago e filo.

Progetto #10 – Mattonelle all'uncinetto

Le mattonelle all'uncinetto sono una lavorazione molto diffusa in questo campo; sono decorative, particolari e adatte alla realizzazione di copertine personalizzate. In particolare, per la creazione delle mattonelle si utilizza la "granny square" o tecnica della nonna, di cui ti ho parlato in precedenza nella **descrizione dei punti decorativi**.

In questo progetto, le mattonelle sono state realizzate con il filato di cotone, ma puoi scegliere di utilizzare anche la lana come alternativa. Sono adatte alle principianti per la loro facilità, e possono essere realizzate in tanti modi grazie alla combinazione di colorazioni differenti. Le mattonelle all'uncinetto si prestano per la decorazione di copertine, ma non solo: possono essere utilizzate per la creazione di presine, cuscini e sciarpe.

Schema per l'esecuzione

- Lavora un cerchio magico arrotolando il filo sulle dita
- Lavora sullo stesso creando 3 catenelle, utili a sostituire la maglia alta
- Successivamente crea 1 maglia alta, 1 catenella e 2 maglie alte
- Prosegui creando 1 catenella e 2 maglie alte per 8 volte
- Chiudi il giro con la realizzazione di una maglia bassissima
- Taglia il filo lasciando circa 5 cm
- Prendi il filo dell'altro colore e realizza un nodo a cappio
- Inserisci il nodo a cappio all'interno del filo tagliato nel giro precedente
- Stringi il nodo a cappio fino alla fine, assicurati che sia ben stretto e lascia i fili sul retro della mattonella (li taglierai a fine lavoro)
- Fai 3 catenelle nell'archetto della catenella del primo giro
- Crea 2 maglie alte; unite alle 3 catenelle, diventeranno 3 maglie alte
- Realizza 1 catenella e altre 3 maglie alte nella catenella successiva, precisamente nell'archetto
- Inserisci il terzo colore e ripeti il passaggio che hai utilizzato per il colore precedente
- Posizionati sull'archetto della catenella del giro precedente e realizza 3 maglie alte e 1 catenella
- Spostati nell'archetto tornando indietro di 3 catenelle
- Realizza nello stesso archetto 3 maglie alte, 3 catenelle e 3 maglie alte

- Prosegui nell'archetto successivo e realizza 3 maglie alte e 1 catenella
- Ripeti il passaggio precedente fino alla fine del giro.

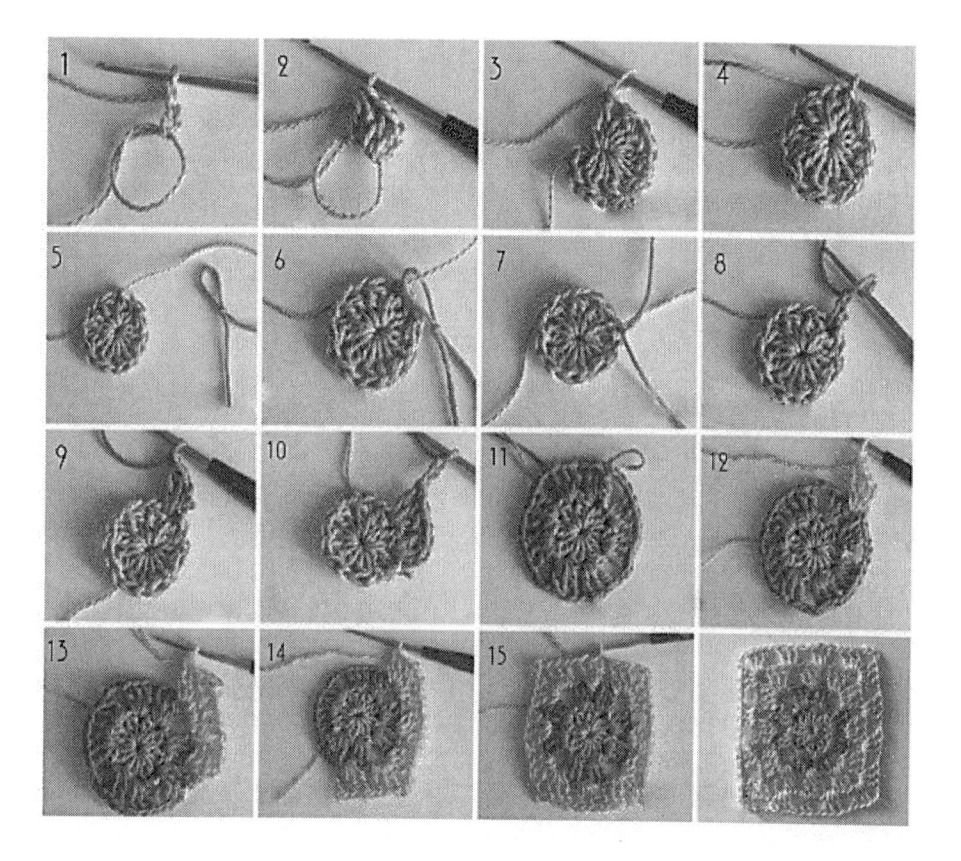

In questo modo avrai completato la tua prima mattonella. A questo punto, puoi decidere di tagliare il filo e creare altre mattonelle con gli stessi passaggi descritti sopra, o proseguire con i giri fino a ottenere la grandezza che preferisci.

Per unire le mattonelle puoi servirti di ago e filo, oppure utilizzare una maglia bassissima alla fine del lavoro.

Capitolo 7

Conservazione degli strumenti e delle creazioni a uncinetto

Se, con il passare del tempo da principiante dovessi diventare una vera e propria esperta, ti renderai conto che tenderai ad accumulare sempre più materiale, sia in termini di filato, che di quantità di uncinetti a disposizione.

Per tale motivo, è fondamentale che dia un'occhiata ai suggerimenti di seguito, che ti consentiranno di conservare nel modo migliore sia i tuoi strumenti, sia le tue creazioni.

- **Suggerimento 1.** Se sei immersa nella lavorazione con la tecnica del granny square, specialmente nel caso in cui voglia realizzare una coperta, avrai bisogno del tuo tempo. Ciò richiede che conservi i tuoi quadrati di tessuto nel modo migliore: inserisci ogni quadrato in delle buste di plastica sigillate, segna in un blocco note quanti ne hai realizzati cosicché possa calcolare correttamente il numero di quadrati totale di cui hai bisogno.
- **Suggerimento 2.** Sfortunatamente, capita spesso che gomitoli e filati tendano ad aggrovigliarsi. Per evitare che

ciò accada, conservali in un contenitore di plastica con una fessura; potrai far passare il filo da quest'ultima durante la lavorazione, e i tuoi filati rimarranno in ordine.

- **Suggerimento 3.** Se ti stai dedicando a più progetti contemporaneamente, realizza dei post-it in cui scrivere il nome di ogni lavoro, in modo da non creare confusione. Inoltre, per conservare i tuoi filati nel modo migliore puoi attaccare un pezzetto di nastro adesivo in ognuno, cosicché i gomitoli mantengano il loro profumo e che possa prevenire l'elettricità statica.
- **Suggerimento 4.** Serviti di un contenitore apposito per conservare i tuoi progetti; per quanto riguarda gli uncinetti, potresti riciclare un portamatite per tenere i tuoi ganci, il metro, le forbici, eventuali aghi da lana e così via.
- **Suggerimento 5.** Ricorda di non buttare mai le etichette che contengono le informazioni sul gomitolo quale nome, peso, tipologia e così via; potrebbero tornarti utili nel caso in cui avessi bisogno di acquistare dei filati simili.
- **Suggerimento 6.** Un'altra eventualità che capita spesso è che il filato durante la lavorazione si possa sfilare, specialmente nel caso in cui stia utilizzato dei tessuti economici. Per non correre questo rischio, durante il lavoro cerca sempre di puntare l'uncinetto verso l'alto.
- **Suggerimento 7.** I fermapunti sono uno strumento fondamentale che ogni principiante deve avere sempre a portata di mano; essi ti tornano utili quando, per qualsiasi motivo dovrai interrompere il lavoro. Se non possiedi dei fermapunti, puoi utilizzare come sostituto delle forcine, delle spille da balia o una graffetta, possibilmente di una

colorazione differente rispetto al filato; in questo modo sarai in grado di individuare più facilmente il punto in cui hai interrotto il lavoro.

Conclusioni

Ora che sei giunto al termine di questo manuale, ti sarai sicuramente fatto un'idea sul mondo dell'uncinetto e sulle sue principali caratteristiche.
Hai avuto modo di scoprire le origini di questa antica arte e, soprattutto, il suo ritorno in auge grazie alla sua sempre più ampia diffusione sul web; infatti, quest'ultimo ha fatto in modo che un hobby considerato da molti "da nonna", arretrato e noioso sia invece diventato di moda e considerato come un passatempo trendy e rilassante se non addirittura, in alcuni casi, una professione.

All'interno della guida hai avuto modo di conoscere i punti fondamentali, ma non solo: nonostante si tratti di una guida per principianti, avere delle informazioni aggiuntive su elementi quali i punti decorativi può sempre tornarti utile nel caso in cui decida di approfondire questa tecnica e dedicarti alle tue creazioni con tutto te stesso. Inoltre, essendo alle prime armi ho ritenuto che inserire un elenco di suggerimenti per relativi alla lavorazione e conservazione dei materiali possa sempre tornarti utile; chi si affaccia per la prima volta al mondo dell'uncinetto, inevitabilmente commetterà degli errori; se questi errori si possono evitare, il tuo lavoro risulterà più semplice e scorrevole.

Tuttavia, tieni sempre a mente una cosa: gli sbagli agli inizi sono normali e soprattutto molto comuni, per cui questo non deve scoraggiarti. Vale sempre la stessa regola: la costanza, la pazienza e la voglia di fare ti consentiranno di rendere i tuoi progetti sempre migliori.

Un ulteriore vantaggio della diffusione dell'uncinetto sta nel materiale che puoi trovare online: all'interno della guida sono presenti le foto dei progetti e gli schemi con tutti gli step a cui fare riferimento; tuttavia, se dovessi trovare delle difficoltà, sul web potrai cercare tantissimi tutorial, la cui spiegazione visiva ti agevolerà il percorso di lavorazione.

Quando ti appresti a iniziare le tue prime creazioni, ricorda di tenere a mente i suggerimenti fondamentali, che si rifletteranno immediatamente sul risultato del tuo lavoro: tieni sempre sott'occhio il modo in cui tieni il filo, cosicché non risulti né troppo stretto, né troppo allentato. Gli uncinetti di medio spessore sono quelli più adatti ai principianti, mentre il filato più semplice da lavorare è la lana, rispetto al cotone che rimane più rigido; e, come ho accennato in precedenza, se ritieni la lana troppo costosa, puoi sempre orientarti sull'acrilico.

Ricorda inoltre di memorizzare la terminologia e le abbreviazioni: la ritroverai sempre nei progetti proposti in qualsiasi blog; non è necessario conoscere la terminologia secondaria, ma è fondamentale conoscere i termini relativi ai punti base fondamentali, al voltare il lavoro, aumenti e diminuzioni, e così via. In questo modo sarai in grado di realizzare qualsiasi progetto con facilità.

Detto questo, non ti resta che dare inizio alle tue creazioni! Per partire, potresti scegliere tra i progetti disponibili nell'ultimo capitolo del libro; come hai avuto modo di vedere, si tratta di progetti facili, alcuni abbastanza veloci e che richiedono l'utilizzo dei punti base fondamentali, e di pochi altri. In alcuni è presente qualche punto decorativo quale il punto gambero, ma non temere: parti dal fatto che potrai sempre scegliere tu quali punti utilizzare; inoltre, se avessi qualche dubbio sui passaggi, potrai dare un'occhiata ai capitoli dedicati.

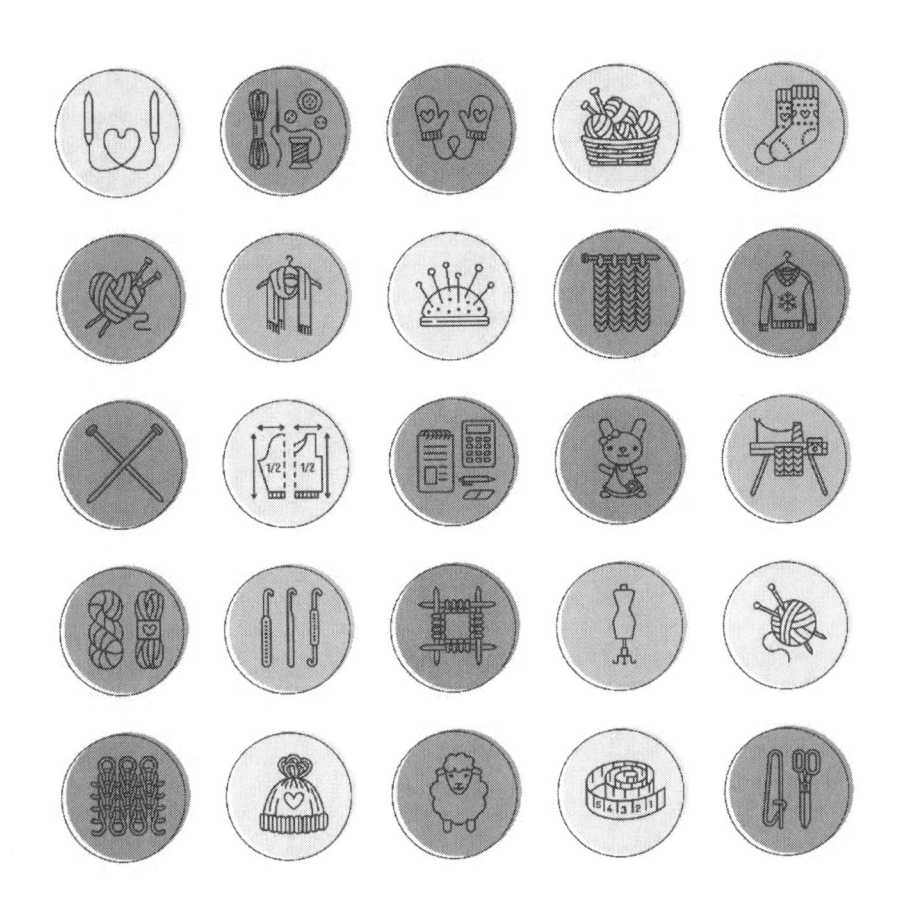

Buon divertimento!

Uncinetto Facile

❀ ❀ ❀

Il manuale per realizzare i tuoi capi preferiti in modo semplice.

Create lavori fai da te con punti e modelli illustrati passo passo.

Rachel Mullins

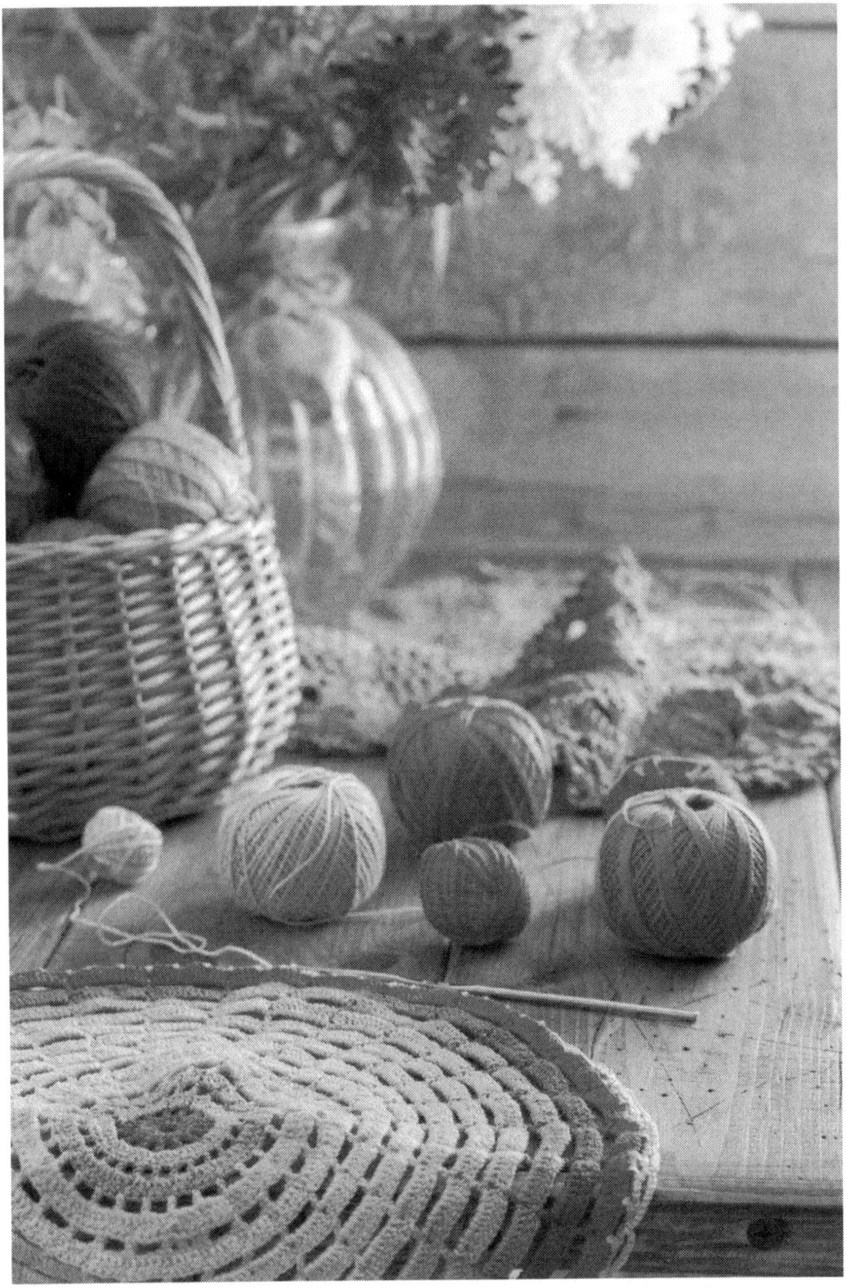

Introduzione

L'arte dell'uncinetto, negli ultimi anni, è tornata in voga…una tradizione che ha i suoi anni, ma ritenuta ancora divertente e originale.

Quest'arte, oltre a darti un grande senso di soddisfazione a progetto finito, possiede la capacità di farti mettere da parte i vari pensieri che generalmente frullano in testa tutto il giorno.

L'uncinetto si traduce in pazienza, costanza e concentrazione: questi tre elementi fanno in modo che la tua attenzione si focalizzi esclusivamente sul lavoro; ecco perché riesce a farti svagare mentalmente.

In questo volume, anche se non è esattamente per principianti, riprenderemo comunque, nella prima parte, la spiegazione di alcuni punti, tralasciando quelli base.

Successivamente daremo delle indicazioni per l'utilizzo degli uncinetti e dei filati giusti, i loro vantaggi e svantaggi, caratteristiche e tanto altro ancora; in questo modo sarai in grado di stabilire quale filato si adatta maggiormente alle tue preferenze e, soprattutto, alle tue capacità.

Tra i punti decorativi descritti, un paragrafo sarà dedicato al punto tunisino, famoso sia per la sua semplicità, che per le innumerevoli creazioni colorate che ti consentirà di realizzare.

La parte finale del libro sarà invece dedicata a un elenco consistente in una serie di progetti che potrai scegliere di realizzare come più ti piace; son progetti semplici e originali, basati nella maggior parte dei casi sull'utilizzo di punti base fondamentali.

Tra i progetti sono presenti sia elementi decorativi, sia altre simpatiche idee, nel caso in cui voglia dedicare le tue creazioni a dei regali per i tuoi amici…cosa che ti donerà una soddisfazione impagabile!

Capitolo 1

Punti decorativi

❖ Maglia alta in rilievo

Il punto alto in rilievo si lavora come un normale punto alto, ma invece di gettare l'uncinetto nell'asola di chiusura del punto alto del giro precedente, lo si fa passare intorno al punto alto.

Schema di esecuzione:

Giro dritto

Filo sull'uncinetto, entrare con l'uncinetto dietro il punto alto del giro precedente.

Agganciare il filo ed estrarre l'asolina senza tirare troppo il filo. Completare quindi il punto alto.

Giro rovescio

Filo sull'uncinetto, entrare con l'uncinetto dietro il punto alto del giro precedente.
Filo sull'uncinetto ed estrarre. Completare quindi il punto alto.

Capitolo 2

Terminologia e abbreviazioni: come leggere gli schemi grafici

La terminologia dell'uncinetto

Nel momento in cui avrai acquisito un po' di dimestichezza con l'uncinetto, realizzerai che spesso vengono utilizzate delle abbreviazioni nei modelli, che rendono questi ultimi più facili da consultare. È quindi fondamentale che ti abitui a conoscere questa terminologia, ma non temere: le abbreviazioni sono semplici e intuitive; una volta che le avrai memorizzate, il lavoro sarà in discesa!

Ti propongo di seguito una tabella alla quale potrai fare riferimento per conoscere la terminologia di base. Al suo interno troverai le abbreviazioni utilizzate sia in italiano, sia in inglese, cosicché se dovessi acquistare un tessuto da un paese straniero, sarai in grado di orientarti agilmente.

Catenella Chain	Cat Ch
Maglia bassissima Slip stitch	Mb Sl St
Maglia bassa Single crochet	Mb Sc
Mezza maglia alta Tall double crochet	Mma Tdc
Maglia alta Double crochet	Ma Dc
Doppia maglia alta Treble crochet	Dma Tr
Tripla maglia alta Double treble crochet	Tma Dtr
2 maglie chiuse insieme Single crochet 2 together	2m Sc2tog
2 mma chiuse insieme Half dc 2 together	2mma Hdc2tog
2 m.a. chiuse insieme Double crochet 2 together	2ma Dc2tog

E ancora...

Maglia alta in rilievo sul davanti Front Post Double Crochet	maRdav FPdc
Maglia alta in rilievo sul di dietro Back post double crochet	maRdtr BPdc
Maglia bassa in rilievo sul davanti Front post single crochet	mbRdav FPsc
Maglia bassa in rilievo sul di dietro Back post single crochet	mbRdtr BPsc

Dopo aver dato un'occhiata alle abbreviazioni, passiamo alla terminologia. Nel campo dell'uncinetto, vengono utilizzati una serie di termini di utilizzo comune utili a individuare più facilmente determinati passaggi che si svolgono durante la lavorazione.

Di seguito un elenco dei principali termini utilizzati nell'uncinetto.

- **maglia di base**: è la prima maglia a cui si lavora, e al tempo stesso la maglia del Step precedente su cui lavorare
- **arco**: un insieme di una o più catenelle che consentono di unire un punto all'altro del lavoro

- **anello magico**: spesso nominato, si tratta dell'anello che si crea con il filo intorno alle dita; in poche parole, il cerchio all'interno del quale si lavora il primo Step
- **aumentare**: si utilizza questo termine quando si devono aggiungere dei punti al lavoro; si ottiene lavorando due maglie nella maglia di base
- **diminuire**: consiste nel diminuire il numero di maglie nella lavorazione: solitamente, si lavorano due maglie vicine, per poi chiuderle successivamente
- **gettare il filo**: si utilizza per intendere il filo che viene gettato intorno all'uncinetto prima di estrarre l'asola
- **schemi uncinetto**: i modelli grafici o scritti da seguire durante il lavoro
- **lavorare in tondo**: una tecnica tipica dell'uncinetto che consiste nel girare intorno al punto centrale dal quale è partito il lavoro; quest'ultimo può essere composto da un anello magico, o da delle catenelle in cerchio chiuse da una maglia bassissima
- **costina**: si tratta della parte superiore del punto, composta da due fili

Capitolo 3

Strumenti e materiali

In commercio esistono non solo diversi tipi di tessuti, ma anche di uncinetti, di cui varia principalmente lo spessore e il materiale. Ci sono quelli in bambù, in plastica, in acciaio e, i più diffusi, in alluminio. Tieni sempre in considerazione che, la maggior parte delle volte, gli uncinetti in acciaio son quelli più sottili, quindi dedicati a mani più esperte.

tabella misure uncinetti in acciaio			
n°	misura in mm	n°	misura in mm
22	0,5 mm	10	1,1 mm
21	0,55 mm	9	1,15 mm
20	0,60 mm	8	1,25 mm
19	0,65 mm	7	1,3 mm
18	0,70 mm	6	1,4 mm
17	0,75 mm	5	1,5 mm
16	0,80 mm	4	1,6 mm
15	0,85 mm	3	1,7 mm
14	0,90 mm	2	1,75 mm
13	0,95 mm	1	1,9 mm
12	1 mm	0	2 mm
11	1,05 mm		

Per ciò che riguarda la tipologia, l'ideale è utilizzare un uncinetto di spessore intermedio, né troppo grosso, né troppo fine; l'ideale è optare per un n°3, 5 o 7, adatti a tessuti grossi, più facili da lavorare. Ti propongo di seguito uno schema al quale puoi fare riferimento per utilizzare il corretto spessore dell'uncinetto, abbinato al tessuto ideale.

Misura uncinetto	Tipo di tessuto
0,60 - 0,7 - 1 mm	cotone molto sottile
1,25 - 1,50 - 1,75 mm	cotone sottile
2,00 - 2,50 - 3,00 - 3,50 mm	tessuti medio spessore
4,00 - 4,50 - 5,00 mm	tessuti medio spessore lavorati a doppio
5,50 - 6 mm	lana
7,00 - 8,00 mm	lana da arazzo
9,00 mm - 1 cm	lana da sport

Per quanto riguarda il tessuto, almeno agli inizi sarebbe meglio orientarsi su un tessuto morbido, a tinta unita e preferibilmente in lana. Sono importanti caratteristiche da tenere in conto, poiché nella lana le maglie sono più evidenti, di conseguenza più facili da individuare e lavorare, e la tinta unita fa in modo che non si crei confusione nella lavorazione; il cotone, a differenza della lana, presenta una trama più fitta e quindi più complessa.

Se la lana ti sembra troppo dispendiosa, potresti optare per l'acrilico o il misto acrilico: è un tessuto più economico, la maglie sono elastiche e si possono contare senza difficoltà.

Vi è inoltre un'altra considerazione. Nella scelta del tessuto da utilizzare, pensa alla creazione che hai in mente: se desideri creare un centrino, o dei pizzi, dovrai usare un filo molto sottile. Il discorso è diverso se il tuo scopo è creare uno scialle, una sciarpa o un cappello, con i quali potrai utilizzare dei fili più grossi.

Capitolo 4

Progetto # 1 - Giostrina

Uncinetto 2.5 mm

Materiale:
Filato cotone 100% (super fine)

Colori:
Menta 2gomitoli 50gr cad
Viola 2 gomitoli 50 gr cad
Blue 1 gomitolo 50 gr
Rosa chiaro 1 gomitolo 50gr
Spilli, filo da ricamo nero
imbottitura
Filo da cucito, ago da lana
occhi 6 mm con la chiusura di sicurezza
cerchio in metallo 20 cm
4 palline di silicone 18 mm
8 palline di silicone 15 mm

Abbreviazioni:
m : maglia
cat : catenella
mb : maglia bassa
1 aum : lavorare 2 m nella stessa m 1
dim : lavorare 2 m chiuse insieme
mbss : maglia bassissima

Dimensioni approssimative di un dinosauro finito: 11 x 7 cm
Suggerimento!

Usa un segna maglie o una spilla da balia per tenere traccia di dove inizia il Step. Una bacchetta di legno è perfetta da usare per riempire a fondo il pezzo.

Procedimento:

Testa

Colore Menta

Inizia con l'anello magico

Step 1: 6 mb nell'anello magico (6)
Step 2: [1 aum] x6 (12)
Step 3: [1 mb, 1 aum] x6 (18)
Step 4: 1 mb, 1 aum, [2 mb, 1 aum] x5, 1 mb (24)
Step 5: [3 mb, 1 aum] x6 (30)
Step 6: 2 mb, 1 aum, [4 mb, 1 aum] x5, 2 mb (36)
Step 7-10: 36 mb (4 giri, 36)
Step 11: [5 mb, 1 aum] x6 (42)
Step 12-13: 42 mb (2 giri, 42)
Step 14: [5 mb, 1 dim] x6 (36)

Metti gli occhi tra i giri 8 e 9 con 5 maglie tra di loro. (foto 1)

Step 15: 2 mb, 1 dim, [4 mb, 1 dim] x5, 2 mb (30)
Inizia a riempire la testa e continuare mentre procedi con il lavoro. (foto 2)
Step 16: [3 mb, 1 dim] x6 (24)
Step 17: 1 mb, 1 dim, [2 mb, 1 dim] x5, 1 mb (18)
Step 18: [1 mb, 1 dim] x6 (12)
Step 19: [1 dim] x6 (6)
Tagliare il filo e intrecciare le estremità.

Corpo

Color menta

Inizia con l'anello magico

Step 1: 6 mb nell'anello magico (6)

Step 2: [1 aum] x6 (12)
Step 3: [1 mb, 1 aum] x6 (18)
Step 4: 1 mb, 1 aum, [2 mb, 1 aum] x5, 1 mb (24)
Step 5: [3 mb, 1 aum] x6 (30)
Step 6-12: 30 mb (8 giri, 30)
Step 13: [3 mb, 1 dim] x6 (24)
Step 14-15: 24 mb (2 giri, 24)
Inizia a riempire il corpo e continuare mentre procedi con il lavoro.
Step 16: 1 mb, 1 dim, [2 mb, 1 dim] x5, 1 mb (18)
Step 17: [1 mb, 1 dim] x6 (12)
Step 18: [1 dim] x6 (6)
Tagliare il filo e intrecciare le estremità. (foto 3)

Muso
Colore menta
Inizia con l'anello magico
Step 1: 6 mb nell'anello magico (6)
Step 2: [1 aum] x6 (12)
Step 3: [1 mb, 1 aum] x6 (18)
Step 4: 1 mb, aum, [2 mb, aum] x5, 1 mb (24)
Step 5-6: 24 mb (2 giri, 24)
Taglia il filo ma lascialo abbastanza lungo per cucire. Appunta il muso alla testa e cucilo. Riempi un po' il muso prima di cucirlo completamente. (foto 4/5)

Coda
Colore menta
Inizia con l'anello magico
Step 1: 6 mb nell'anello magico (6)

Step 2: 6 mb (6)
Step 3: [1 aum] x6 (12)
Step 4-5: 12 mb (2 giri, 12)
Step 6: [1 mb, 1 aum] x6 (18)
Step 7-10: 18 mb (4 giri, 18)
Step 11: 7 mb, [1 aum] x4, 7 mb (22) Termina con 1 mbss.
Taglia il filo ma lascialo abbastanza lungo per cucire.
Attacca la coda al corpo e cucila. Riempi un po' la coda prima di cucirla completamente.(foto 6 /7/8)

Gambe
Colore menta
Inizia con l'anello magico
Step 1: 6 mb nell'anello magico (6)
Step 2: [1 aum] x6 (12)
Step 3-4: 12 mb (2 giri, 12) Termina con 1 mbss.
Taglia il filo ma lascialo abbastanza lungo per cucire.
Appunta le gambe al corpo e cucilo. Riempi un po' le gambe prima di cucirle completamente. (foto 9/10)

Braccia
Color menta
Inizia con l'anello magico
Step 1: 6 mb nell'anello magico (6)
Step 2: [1 mb, 1 aum] x3 (9)
Step 3-4: 9 mb (2 giri, 9) Termina con 1 mbss.
Taglia il filo ma lascialo abastanza lungo per cucire.
Appunta le braccia al corpo e cucilo. Riempi un po' le braccia prima di cucirle completamente. (foto 11/12)

Guance
Con Rosa chiaro
Inizia con l'anello magico.
Step 1: 6 mb nell'anello magico (6) Termina con 1 mbss.
Taglia il filo ma lascialo abbastanza lungo
Posiziona le guance su entrambi i lati della testa e cuci con la coda. Ricama le sopracciglia e le narici usando un filo da ricamo nero. (foto 13 – 17)

Cresta (farne 5)
Con viola
Inizia con l'anello magico.
Step 1: 6 mb nell'anello magico (6)
Step 2: 6 mb (6)
Step 3: [1 aum] x6 (12)
Step 4-5: 12 mb (2 giri, 12) Termina con 1 mbss.
Taglia il filo ma lascialo abbastanza lungo. Appunta la cresta al dinosauro e cucili uno per uno. (foto 18 – 22)

Macchie Grandi
Con il blue
Inizia con l'anello magico.
Step 1: 6 mb nell'anello magico (6)
Step 2: [aum] x6 (12)
Termina il Step con 1 mbss.
Taglia il filo, abbastanza lungo. Appunta la macchia sulla pancia e cucila. (Foto 23/24)

Macchie Piccole (fare 4 pezzi)
Con il blue

Inizia con l'anello magico.

Step 1: 6 mb nell'anello magico (6) Termina il Step con 1 mbss. Taglia il filo, ma lascialo abbastanza lungo Appunta due macchie su ciascun lato della testa e cucile. (Foto 25/26)

Assemblaggio

Devi creare quattro dinosauri per la giostra.

Lavora a maglia bassa tutto intorno all'anello di metallo usando del filo blu. Intreccia tutte le estremità.
Taglia un filo, circa 1,5 metri. Tira l'ago attraverso la parte superiore di un dinosauro, tira il filo in modo da avere la stessa lunghezza su ciascun lato. Fai un piccolo nodo.
Fai passare l'ago attraverso tre perle di silicone. Ripeti l'operazione per tutti e quattro i dinosauri.
Cuci un dinosauro alla volta sull'anello di metallo. Fai un nodo quando sei soddisfatto del posizionamento, assicurati che i dinosauri siano in linea l'uno con l'altro prima di fare il nodo. Ora avrai quattro fili di filo doppio sopra l'anello di metallo. Lega i fili insieme al centro dell'anello di metallo.

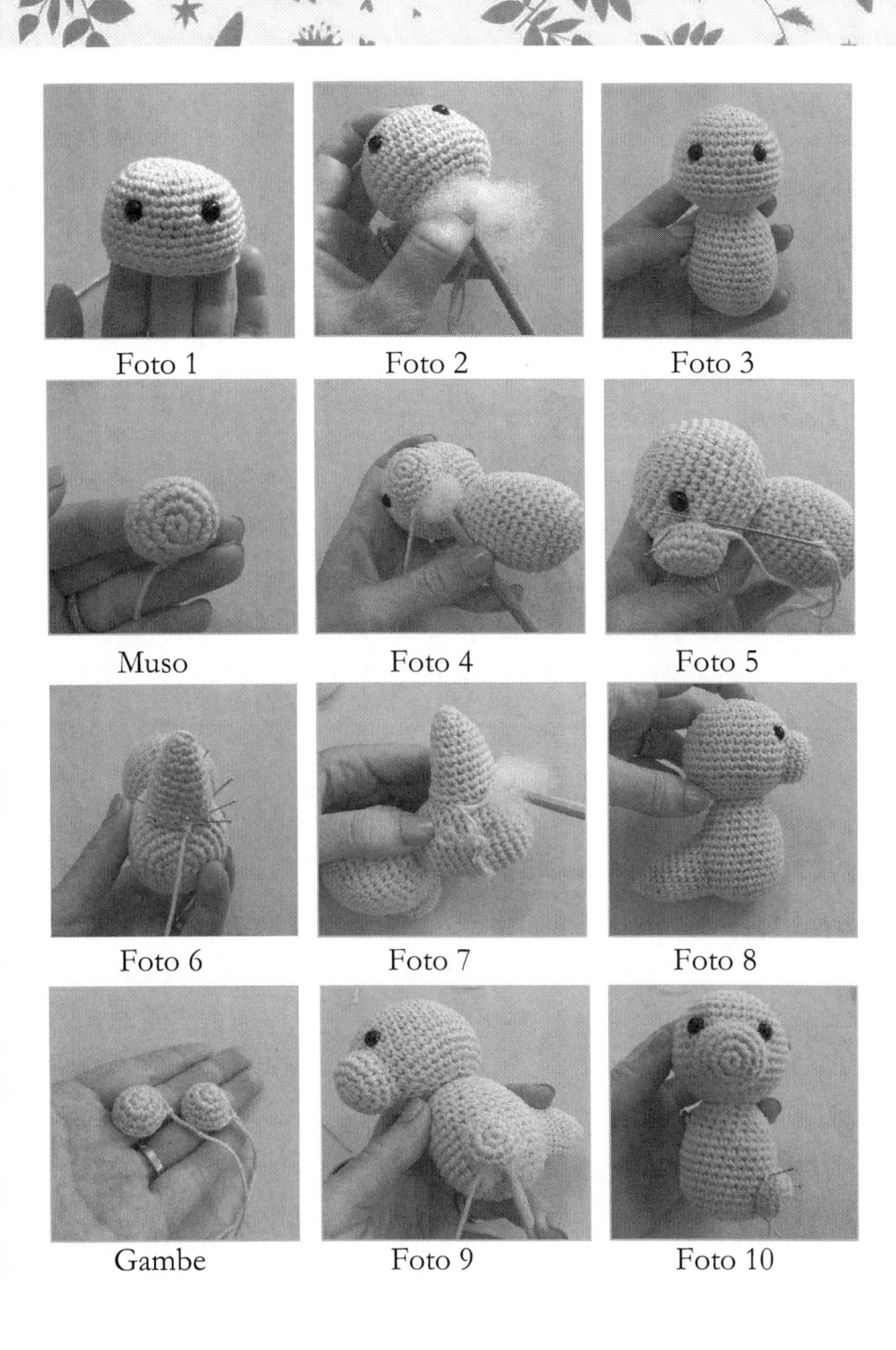

Foto 1	Foto 2	Foto 3
Muso	Foto 4	Foto 5
Foto 6	Foto 7	Foto 8
Gambe	Foto 9	Foto 10

Braccia

Foto 11

Foto 12

Guance

Foto 13-17

Cresta

Foto 18 -22

Macchia grande

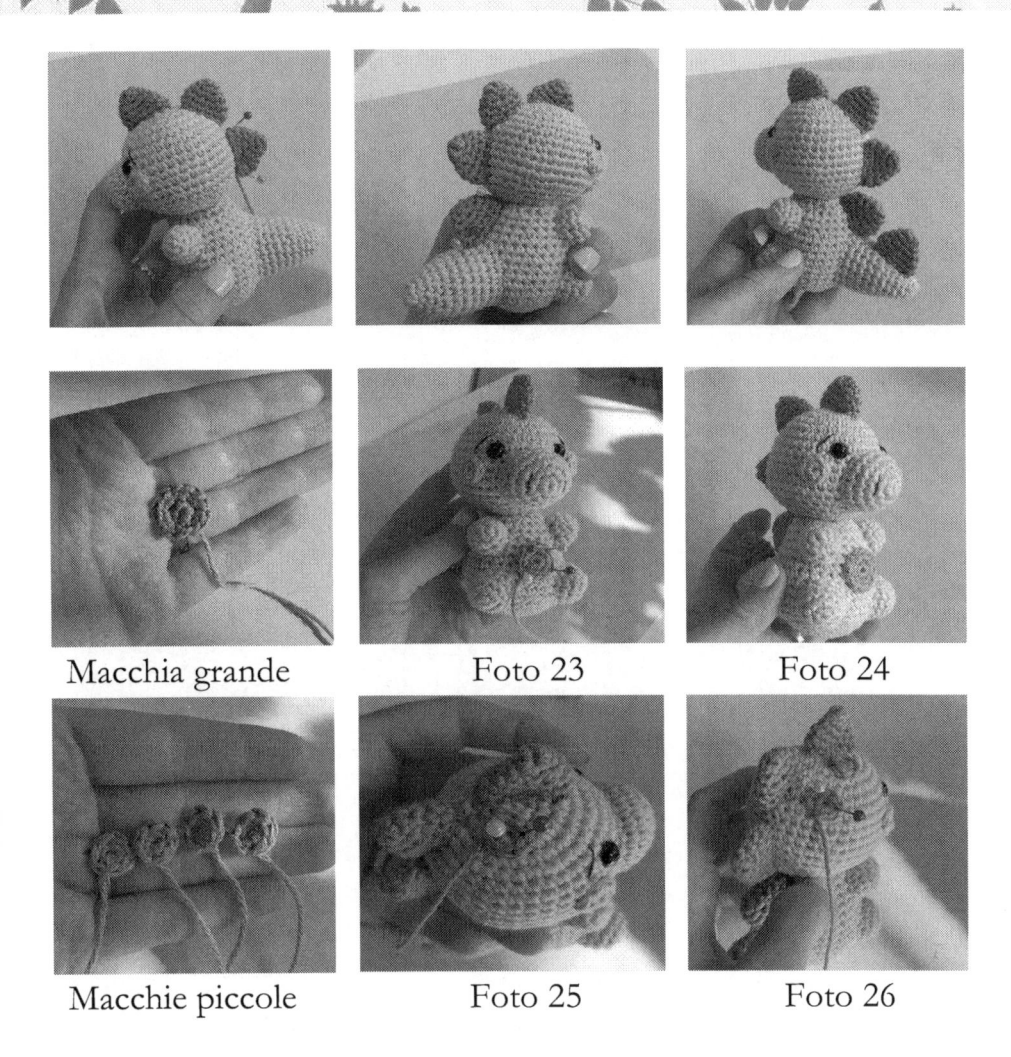

Foto 23

Foto 24

Macchie piccole

Foto 25

Foto 26

Assemblaggio

Progetto #2 – Astuccio fantasia

Uncinetto 3,5mm - 2,5mm

Materiale:
Filato 100% poliestere

Blu 1 gomitolo
Rosa fluo 1 gomitolo
Viola chiaro 1 gomitolo
Giallo 1 gomitolo
Verde chiaro 1 gomitolo
Beige chiaro 1 gomitolo
1 ago, filo per cucire, spilli, metro da sarta
1 cerniera con apertura di 22 cm

Abbreviazioni:

cat: catenella
mbss: maglia bassissima
mb: maglia bassa
mma: mezza maglia alta
mmaRdav: mezza maglia alta in rilievo sul davanti
giunt: giuntare
seg: seguente

Note

Misure: 22 cm di lunghezza per 12 cm di altezza

Ad ogni inizio Step quando lavorate la prima mmaRdav scegliete se inserire l'uncinetto anche nelle 2 cat iniziali oppure lasciarle non lavorate, l'importante è fare allo stesso modo per tutto il lavoro

Procedimento

Uncinetto 3,5

Prendere il colore viola ed avviare 80 cat e chiuderle a cerchio con 1 m.bss

Step 1: 2 cat, 1 mma in ognuna delle seg 80 cat, 1 m.bss nella 1a mma

Step 2-3-4: 2 cat,(leggi le note)fare un Step completo di mmaRdav 1 m.bss nella 1a mmar

Step 5-6-7-8: giunt il rosa fluo e fare come per Step 2

Step 9-10-11-12: giunt il giallo e fare come per Step 2

Step 13-14-15-16: giunt il verde e fare come per Step 2

Step 17-18-19-20: giunt il blu e fare come per Step 2

Cucitura Astuccio

Con il filo ancora attaccato al lavoro; 1 cat, fare 40 mb cucendo insieme i 2 lati dell'astuccio.

Applicazione cerniera

Prendere la cerniera e fissarla con gli spilli all'estremità viola.

Con ago e filo cucire la cerniera all'astuccio sfilando man mano che procediamo gli spilli

Fiorellini

Uncinetto 2,5

Step 1: avviare 4 cat chiuderle a cerchio con 1 m.bss, tagliare il filo lasciandolo lungo circa 10 cm

Step 2: 2 cat, 12 ma all'interno del cerchio, 1 m.bss nella 1a ma

Step 3: *3 cat, salt 1a m e nella seg fare 1 m.bss*, rip da * a * per tutto il Step, finire con 1 m.bss nel primo petalo, avremmo un totale di 6 petali

Step 4: dentro il 1° petalo fare 2cat, 3ma, 2cat, 1 m.bss nello stesso petalo, fare una m.bss nella fessura seguente

Fare allo stesso modo per tutti i petali, finire con 1 m.bss nel 1° petalo.
Per realizzare un fiorellino più piccolo, lavorare il 1°Step con 12 mb anziché con 12ma

Progetto #3 Cestino fantasia

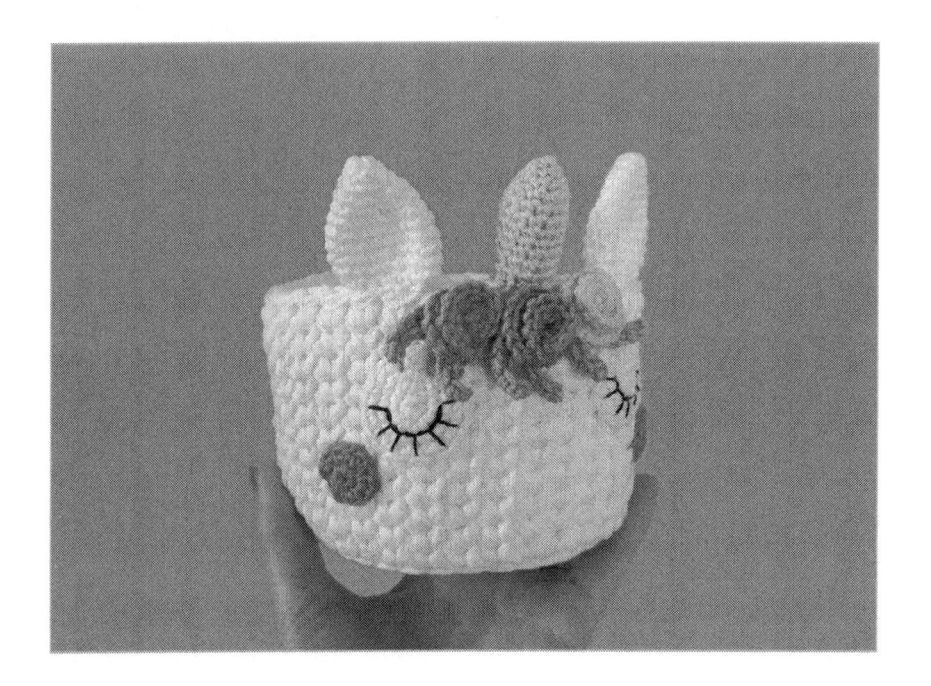

Uncinetto: 2,5 mm   7 mm

Materiale:

Filato fettuccia di cotone

Bianco naturale 1 gomitolo (100gr)

Filato Cottone 8/4:
Bianco 1 gomitolo (50gr)
Viola chiaro 1 gomitolo (50gr)
Turchese chiaro 1 gomitolo (50 gr)
Rosa 1 gomitolo (50gr)
Giallo 1 gomitolo (50gr)

Verde chiaro 1 gomitolo (50gr)

Filato: 95%cotone,5% polyestere metallico:

Rosa antico argentato 1 gomitolo (50gr)

Spilli, filo da ricamo nero, filo da cucito, ago da cucito, imbottitura.

Abbreviazioni:

m: maglia

cat: catenella

mb: maglia bassa

1 aum: lavorare 2 mb nella stessa m

1 dim: lavorare 2 m chiuse insieme

mbss: maglia bassissima

mma: mezza maglia alta

pm: punto maglia (mb lavorata nella "V" sotto la maglia)

Suggerimento

Usa un segnamaglie o una spilla da balia per tenere traccia di dove inizia il Step.

Cesto

Usa la fettuccia bianco naturale e l'uncinetto 7 mm
Inizia con l'anello magico

Step 1: 6 mb nell'anello magico (6)
Step 2: [1 aum] x6 (12)
Step 3: [1 mb, 1 aum] x6 (18)
Step 4: 1 mb, 1 aum, [2 mb, 1 aum] x5, 1 mb (24)
Step 5: [3 mb, 1 aum] x6 (30)
Step 6: 2 mb, 1 aum, [4 mb, 1 aum] x5, 2 mb (36)
Step 7: Lavorare nelle asole posteriori, 36 mb (36)
Giri 8-17: 36 pm (10 giri, 36) Termina con 1 mbss.

Taglia il filo e intrecciare le estremità.

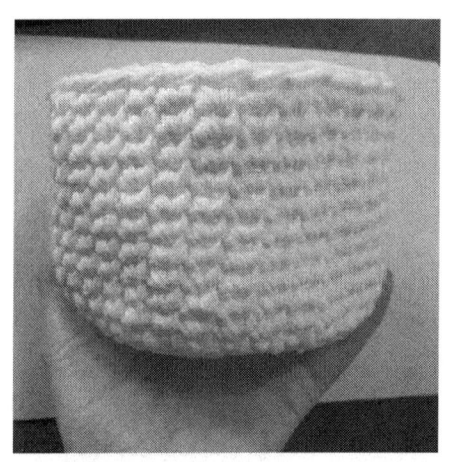

Orecchie

Usa il filato di cotone colore bianco e l'uncinetto 2,5 mm
Inizia con un anello magico

Step 1: 6 mb nell'anello magico (6)
Step 2: 6 mb (6)
Step 3: [1 aum] x6 (12)
Step 4-5: 12 mb (2 giri, 12)

Step 6: [1 mb, 1 aum] x6 (18)
Giri 7-10: 18 mb (4 giri, 18)
Step 11: [1 mb, 1 dim] x6 (12)
Termina con 1 mbss. Taglia il filo ma lascialo abbastanza lungo.

Corno
Usa il filato colore rosa antico argentato e l'uncinetto 2,5mm
Inizia con l'anello magico
Step 1: 6 mb nell'anello magico (6)
Step 2: 6 mb (6)
Step 3: [1 aum] x6 (12)
Step 4-11: 12 mb (8 giri, 12)
Termina con 1 mbss. Taglia il filo ma lascialo abbastanza lungo

OcchiI (fare 2)

Usa il filato di cotone nel colore bianco e l'uncinetto 2,5 mm
Inizia con l'anello magico
Step 1: 6 mb nell'anello magico (6)
Step 2: [1 aum] x6 (12)
Step 3: [1 mb, 1 aum] x6 (18)
Step 4: 1 mb, 1 aum, [2 mb, 1 aum] x5, 1 mb (24) Termina con 1 mbss. Intrecciare le estremità.
Ricamare le ciglia nere.

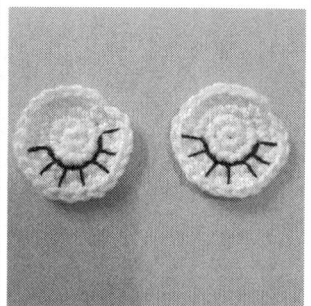

Guance

Usa il filato nel colore rosa e l'uncinetto 2,5 mm
Inizia con l'anello magico

Step 1: 6 mb nell'anello magico (6)

Step 2: [1 aum] x6 (12)
Termina con 1 mbss. Taglia il filo ma lascialo abbastanza lungo

Rose (fare 3)

Usa il filato di cotone nei colori giallo, turchese chiaro e viola chiaro e l'uncinetto 2,5 mm

Avviare 8 cat

Step 1: Inizia dalla 2a cat dell'uncinetto, 2 mb in ogni m, 1 cat e gira (14)

Step 2: 2 mb in ogni m (28)

Arrotolare la rosa e cucirla in modo che non si "sdrotoli" da sola

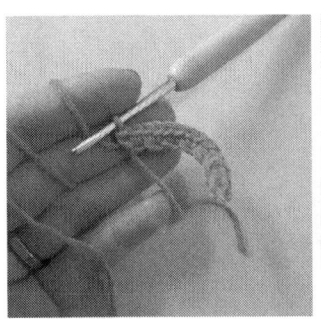

Foglie (fare 6)

Usa il filato nel colore verde chiaro e l'uncinetto 2,5 mm
Avviare 6 cat
Step 1: Inizia dalla 2a cat dell'uncinetto, 2 mb, 2 mma (5)
Taglia il filo e lascialo abbastanza lungo
Cuci due foglie sul retro di ogni rosa .

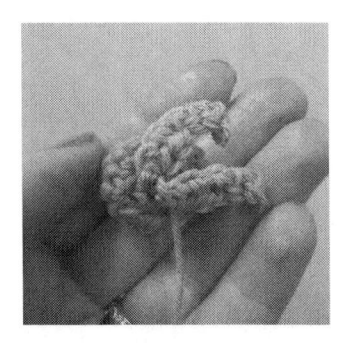

Assemblaggio

Usa gli spilli per posizionare le orecchie e poi cucile sul cestino. Riempi il corno con l'imbottitura e cucilo tra le orecchie.
Usa gli spilli da cucito per posizionare gli occhi e poi cucili usando il filo da cucito. Usa gli spilli da cucito per posizionare le guance e poi cucile usando il filo da cucito. Cuci le rose sul cesto lungo la parte inferiore del corno.

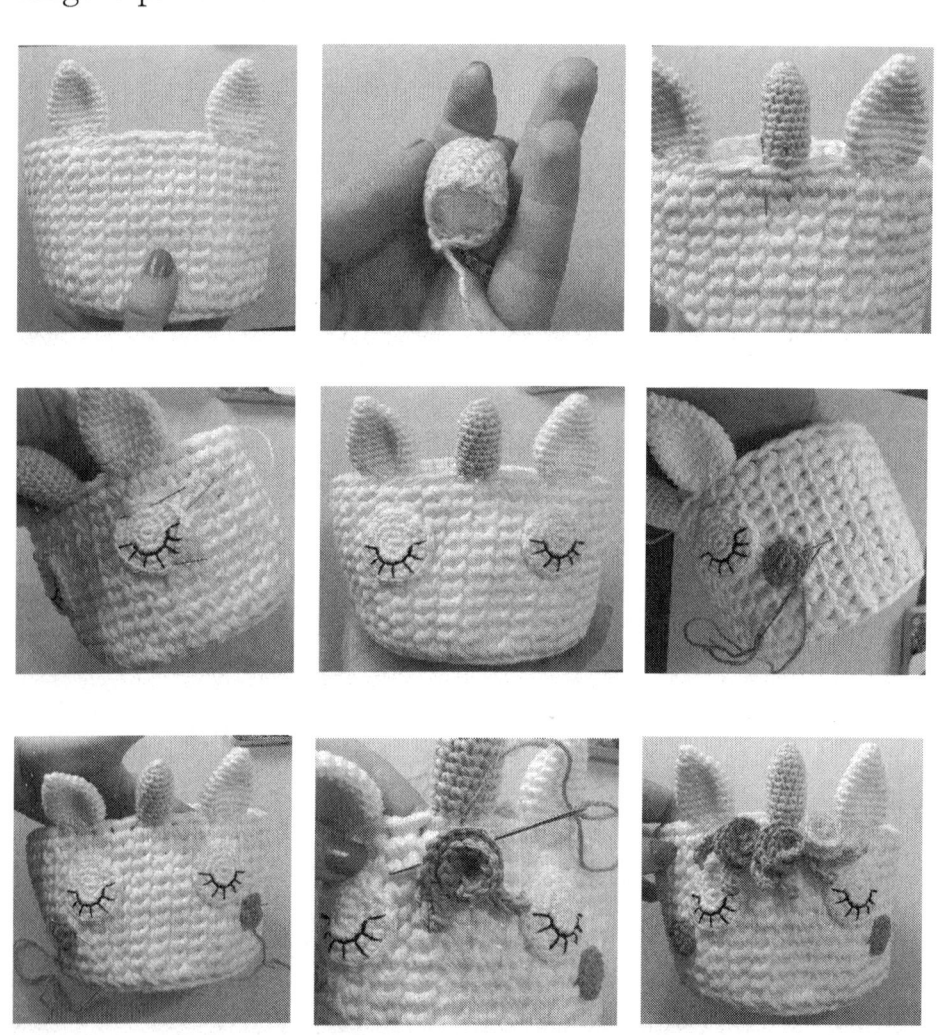

Progetto #4 Cuscino Decorativo

Uncinetto nr 4 – nr 5

Materiale:

Filato 100%poliestere

Curry 5 gomitoli 100 gr cad

Misure

Circa. 33x43 cm - si allungherà di 7-10 cm

Abbreviazioni:

cat: Catenella
m: Maglia(e)
mb: Maglia bassa
mma: Mezza maglia alta
ma: Maglia alta
maRdav: Maglia alta in rilievo sul davanti
maRdtr: Maglia alta in rilievo sul di dietro

Note:

Dal giro 2 in poi, fare 2 cat per girare il lavoro. Le 2 cat contano come 1 mma e la prima m di ogni giro.

L'ultima m di ogni giro viene lavorata nella catenella superiore della catenella iniziale.

Usa l'uncinetto 5 mm per i pezzi davanti e dietro. Utilizzare l'uncinetto 4 mm per l'assemblaggio del cuscino.

Se non vuoi che il bottone si chiuda sul retro, puoi fare 2 "davanti", metterli sul rovescio contro il rovescio e lavorare insieme come descritto nell'assemblaggio più avanti.

Pezzo frontale

Step 1: 51 cat. Lavora 1 ma nella 4a cat dell'uncinetto. Lavora ma in ogni m fino alla fine del giro. (49)

Step 2: 2 cat e gira. Lavora 1 maRdav attorno alle 2 m succ. "Lavora 1 maRdtr attorno alle 3 m succ, 1 maRdav attorno alle 2 m succ". Ripetere da "a" fino alla fine del giro. Lavora 1 mma nell'ultima m.

Step 3: 2 cat e gira. Lavora 1 maRdtr attorno alle 2 m succ. "Lavora 1 maRdav attorno alle 3 m succ, 1 maRdtr attorno alle 2 m succ". Ripetere da "a" fino alla fine del giro.
Lavora 1 mma nell'ultima m.
Ripetere i giri 2 e 3 fino a quando hai 34 giri in totale. Tagliare il filo e intrecciare le estremità.

Diritto del lavoro

Parte posteriore A
Step 1: 51 cat. Lavora 1 ma nella 4a cat dell'uncinetto. Lavora ma in ogni m fino alla fine del giro. (49)

Step 2: 2 cat e gira. Lavora 1 maRdav nelle 2 m succ. "Lavora 1 maRdtr attorno alle 3 m succ, 1 maRdav attorno alle 2 m succ". Ripetere da "a" fino alla fine del giro. Lavora 1 mma nell'ultima m.

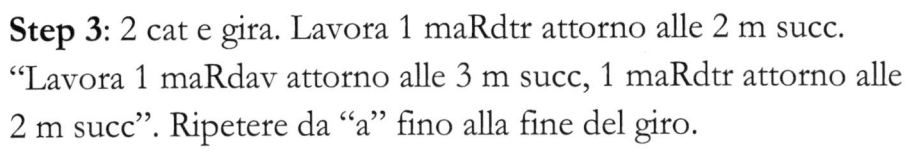

Step 3: 2 cat e gira. Lavora 1 maRdtr attorno alle 2 m succ. "Lavora 1 maRdav attorno alle 3 m succ, 1 maRdtr attorno alle 2 m succ". Ripetere da "a" fino alla fine del giro.
Lavora 1 mma nell'ultima m.

Ripetere i giri 2 e 3 fino a quando hai 21 giri in totale. Tagliare il filo e intrecciare le estremità.

Parte posteriore B

Step 1: 51 cat. Lavora 1 ma nella 4a cat dell'uncinetto. Lavora ma in ogni m fino alla fine del giro. (49)

Step 2: 2 cat e gita. Lavora 1 maRdav attorno alle 2 m succ. "Lavora 1 maRdtr attorno alle 3 m succ, 1 maRdav attorno alle 2 m succ". Ripetere da "a" fino alla fine del giro.
Lavora 1 mma nell'ultima m.

Step 3: 2 cat e gira. Lavora 1 maRdtr attorno alle 2 m succ. "Lavora 1 maRdav attorno alle 3 m succ, 1 maRdtr attorno alle 2 m succ". Ripetere da "a" fino alla fine del giro.
Lavora 1 mma nell'ultima m.

Ripetere i giri 2 e 3 fino a quando hai 17 giri in totale. Ora continua a lavorare per fare l'asola.

Step 4: 2 cat e gira. "Lavora 1 maRdav attorno alle 2m succ. Lavora 1 maRdtr attorno alle 3 m succ. Ripetere da *a*4 volte in totale5 cat. Salta 5 mani. Lavora 1 mrdav attorno alla m succ. Lavora 1 maRdtr attorno alle 3 m succ, 1 maRdtr attorno alle 2 m succ". Ripetere da "a" 4 volte in totale. Lavora 1 mma nell'ultima m.

Step 5: 2 cat e gira. "Lavora 1 maRdtr attorno alle 2 m succ. Lavora 1 maRdav attorno alle 3 m succ". Ripetere da "a" 4 volte in totale. Lavora 1 ma nelle 5 cat Lavora 1maRdtr attorno alla m succ. "Lavora 1 maRdav attorno alle 3 m succ, 1 maRdtr attorno alle 2 m succ". Ripetere da "a" 4 volte in totale. Lavora 1 mma nell'ultima m.

Step 6:. 2 cat e gira. Lavora 1 maRdav attorno alle 2 m succ. "Lavora 1 maRdtr attorno alle 3 m succ, 1 maRdav attorno alle 2 m succ". Ripetere da "a" fino alla fine del giro. Lavora 1 mma nell'ultima m.

Step 7: 2 cat e gira. Lavora 1 maRdtr attorno alle 2 m succ. "Lavora 1 maRdav attorno alle 3 m succ, 1 maRdtr attorno alle 2 m succ". Ripetere da "a" fino alla fine del giro. Lavora 1 mma nell'ultima m.

Tagliare il filo e intrecciare le estremità.

Assemblaggio

Posiziona il davanti con il rovescio rivolto verso l'alto (fot 1).
Posiziona la parte posteriore A con il lato diritto rivolto verso l'alto, come mostrato (fot 2)
Posizionare la parte posteriore B con il lato dritto rivolto verso l'alto e sovrapposto con il pezzo A, come mostrato (fot 3)
Puoi usare i segnamaglie per tenere insieme i pezzi.
Capovolgi tutto per avere la parte anteriore rivolta verso l'alto. (fot 4)
Attaccare il filo e lavora i pezzi insieme con mb usando l'uncinetto nr 4 . (fot 5)
Lavora 2 mb in ogni angolo. Lavora mb tutto intorno e finire con 1mbss.
Taglia il filo e intrecciare le estremità. Capovolgi la fodera del cuscino. (fot 6)
Cucire il bottone sul dietro A in corrispondenza dell'asola sul dietro B. (fot7).

Foto 1   Foto 2

Foto 3

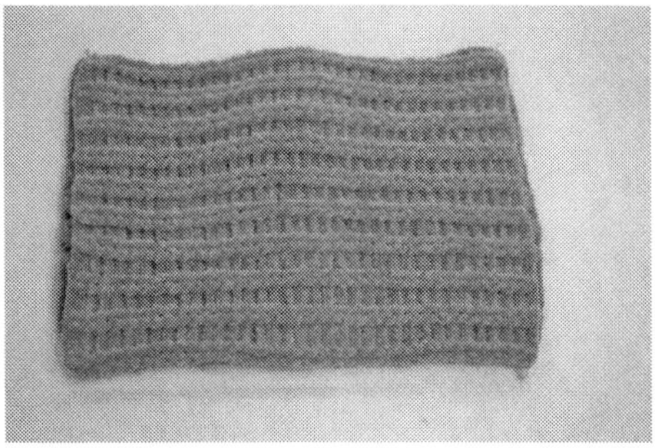

Foto 4

Foto 5

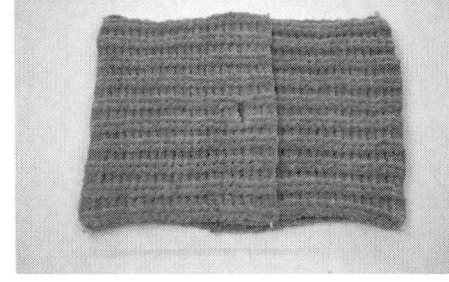

Foto 6

Foto 7

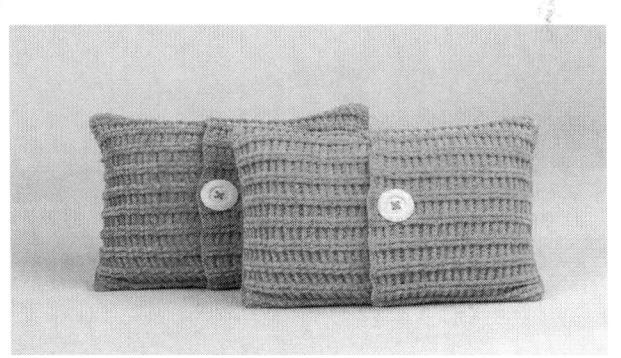

Progetto # 5 Fascia per la testa

Uncinetto 4mm

Materiale:

Filato acrilico (doppio ma leggero)
Fantasia 1 gomitolo da 100gr

Taglie: 50 (54) 58 cm
Utilizzo approx del filato.: 55 (60) 65g

Dimensione: circa 10 cm

Abbreviazioni:
cat : Catenella
m : Maglie(e)
ma : Maglia alta

maRdav: Maglia alta in rilievo sul davanti
maRdtr : Maglia alta in rilievo sul di dietro

Modello
La guida fotografica si trova dopo il modello scritto

Note: 3 cat per girare ad ogni giro. Sostituisce 1 ma.

Avviare Cat 25. Lavora 1 ma nella 4° cat dall'uncinetto. Lavora a ma fino alla fine del giro. (23)

Step 1: Cat 3 e gira. "Lavora 1 maRdav intorno al punto succ, lavora 1 maRdtr intorno alla m succ". Ripeti "da" fino alle ultime 2 m. Lavora 1 maRdav intorno alla m succ. Lavora 1 ma normale nell'ultima.

Step 2: 3 Cat e gira. "Lavora 1 maRdtr intorno alla m succ, lavora 1 maRdav intorno alla m succ".

Step 3: Ripeti "da" fino alle ultime 2 m. Lavora 1 maRdtr intorno alla m succ. Lavora 1 ma normale nell'ultima m. Ripeti giro 2 e 3 alternando finché il progetto misura circa. 43 (46) 49 cm. (Foto 1) Taglia il filo e nascondilo.

maRdav   maRdtr

Foto 1

Assemblaggio
Metti il pezzo come mostrato nella foto 1.
Ora piega le estremità dei pezzi per realizzare un "nodo"(foto 2)
Metti la parte destra sopra la parte sinistra in modo che si la metà della parte sinistra si sovrapponga(foto 3)
Piega l'altra metà della parte sinistra (la parte che non è coperta dalla parte destra) sopra la parte destra (foto 4)
Piega l'altra metà della parte destra attraverso la parte sinistra (foto 5)
Le estremità dei pezzi sono ora piegati l'uno nell'altro come puoi vedere nella foto 6
Cuci le estremità attraverso tutti e 4 gli strati. Taglia il filo e nascondilo (foto 7)

Gira la cucitura dalla parte rovescia. Abbiamo ora realizzato un piacevole "nodo" e la fascia per capelli è assemblata (foto 8)

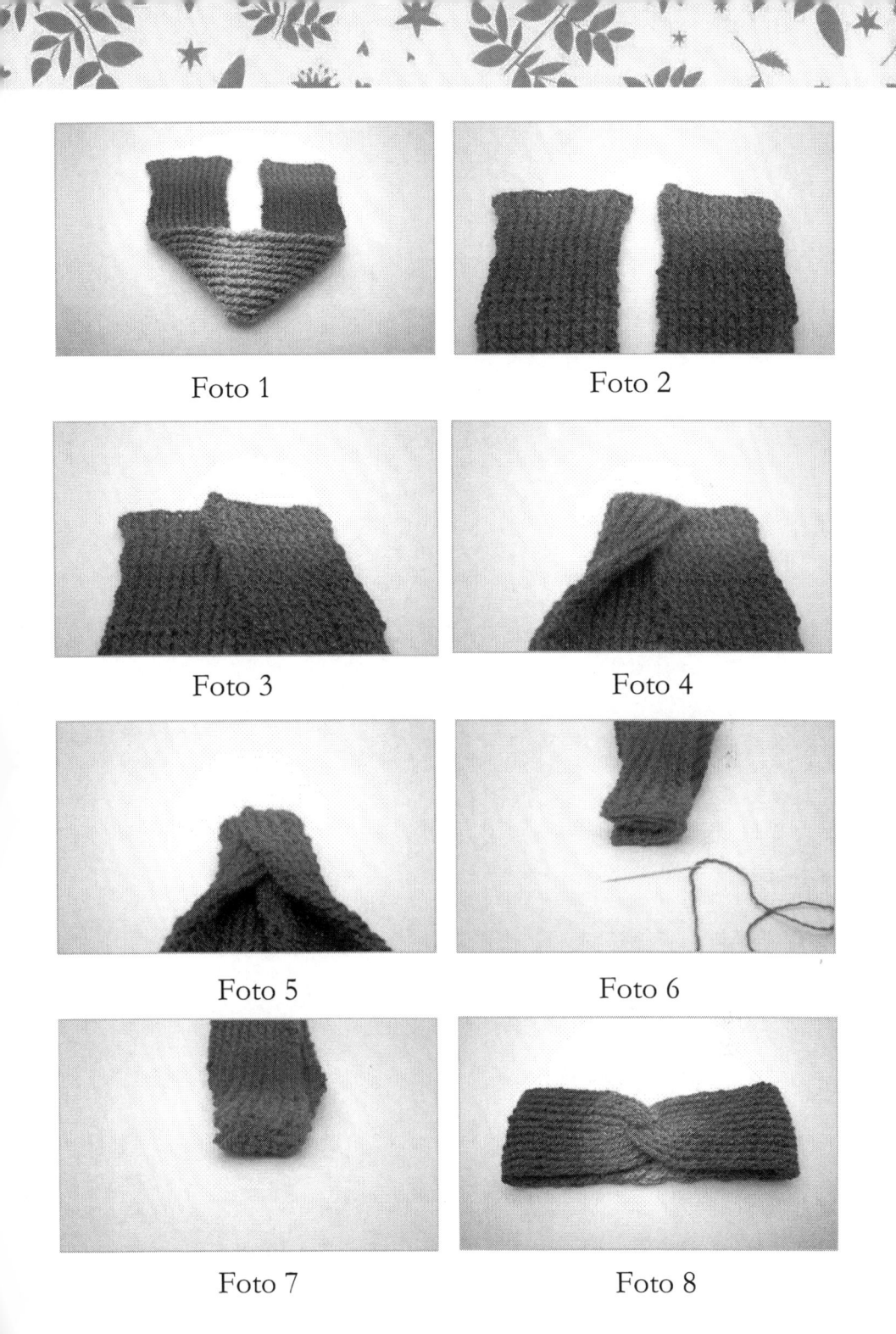

Foto 1

Foto 2

Foto 3

Foto 4

Foto 5

Foto 6

Foto 7

Foto 8

Progetto # 6 Coprispalle Tiffany

Uncinetto n 9

Materiale
Filato 50% lana vergine 50% acrilico

Tiffany 10 gomitoli da 50gr cad

Abbreviazioni

cat : catenella
ma : maglia alta
mbss : maglia bassissima
maRdav : maglia alta in rilievo sul davanti
maRdtr : maglia alta in rilievo sul di dietro
Dimensioni:

altezza 37cm
larghezza parte alta 43cm larghezza parte bassa 54cm

Procedimento

Avviare 81 cat e chiudere a cerchio con 1mbss

Step 1: Fare 1ma nella 4°cat dall'uncinetto e proseguire facendo 1ma in ogni cat sottostante (=77ma) e chiudere con 1mbss

Step 2: 1maRdav nelle 3ma sottostanti – 1maRdtr nelle 3ma seguenti e proseguire facendo 3maRdav e 3maRdtr fino a fine giro. Chiudere con 1mbss.

Così si sono formati 26 gruppi di 3 maR.

Step 3: Ripetere il secondo giro

Step 4: Fare 1maRdtr nelle 3maRdav del giro precedente – 1maRdav nelle 3maRdtr del giro precedente e proseguire facendo 3maRdtr e 3maRdav fino a fine giro. Chiudere con 1 mbss.

Step 5: Ripetere il quarto giro.

Step 6 - 7 lavorare come il secondo giro.

Step 8 - 9 lavorare come il quarto giro.

Continuare il lavoro in tondo fino a raggiungere un'altezza di 20cm.

Proseguire il lavoro in tondo facendo:

3maRdav chiuse insieme - 12 gruppi di maR alternati - 3maRdtr chiuse insieme - 12 gruppi di maR alternati.
Chiudere con 1 mbss

1maRdav - 12 gruppi di maR alternati - 1maRdtr - 12 gruppi di maR alternati.
Chiudere con 1mbss
1maRdtr - 3maRdva chiuse insieme - 10 gruppi di maR alternati - 3maRdtr chiuse insieme - 1maRdav - 3maRdtr chiuse insieme - 10 gruppi di maR alternati - 3maRdav chiuse insieme chiudere con 1mbss.
1maRdtr - 1maRdav - 10 gruppi di maR alternate - 1maRdtr - 1maRda - 1maRtr - 10 gruppi di maR alternati - 1maRdav - 1maRdtr
Chiudere con 1mbss.
Proseguire come l'ultimo giro per 6 giri. Tagliare e affrancare il filo.

Progetto # 7 Maglia Farfalla

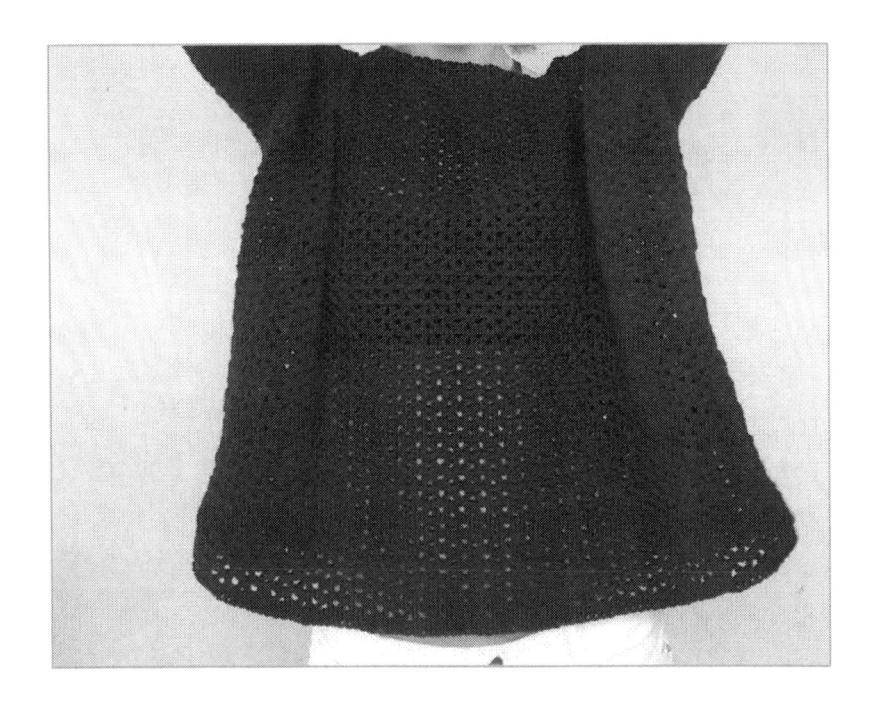

Uncinetto 4.5 mm

Materiale:

Filato medio acrilico 100%

viola
ago da lana e segnamaglie

Abbreviazioni:
cat : catenella
mma : mezza maglia alta
ma : maglia alta
V : Punto V

mbss : maglia bassissima

m : maglia/e

Taglia: XS (S, M, L, XL)

Di quanto filato ho bisogno?

XS = 320 gr (7 gomitoli)
S = 350 gr   (7 gomitoli)
M = 370 gr (8 gomitoli)
L = 400 gr   (8 gomitoli)
XL = 420 gr (9 gomitoli)

*Assicurati di avere il 10% in più di filato come margine di errore.

*Le 2 cat dell'inizio della riga contano come 1 m.

Questo lavoro e tra un poncho e un maglione non richiede sagomatura e sostanzialmente è costituito da rettangoli.

Si inizia creando 2 rettangoli per le porzioni anteriore e posteriore compreso il collo. Quindi cucire i lati insieme lasciando alcuni giri per i fori del braccio. Quindi si passa alle maniche

Misure

Questo modello è disponibile in 5 taglie, dalla XS alla XL e sono utilizzate le abbreviazioni americane (US). Le misure finali sono elencati nel diagramma a destra:

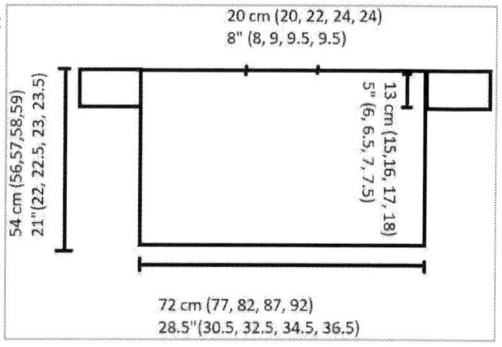

Diagramma misure:
- 20 cm (20, 22, 24, 24) / 8" (8, 9, 9.5, 9.5)
- 54 cm (56, 57, 58, 59) / 21" (22, 22.5, 23, 23.5)
- 13 cm (15, 16, 17, 18) / 5" (6, 6.5, 7, 7.5)
- 72 cm (77, 82, 87, 92) / 28.5" (30.5, 32.5, 34.5, 36.5)

Punti

Useremo 2 punti semplici per questo maglione: mezza maglia alta per le maniche e punto V

Punto V: 1 ma - 1 cat - 1 ma nello stesso punto di 1 cat del giro precedente del Punto V. Se si lavora il punto V in una catenella, saltare 2 m tra le V

Di seguito puoi trovare la tabella dei punti per il punto V utilizzato in questo motivo:

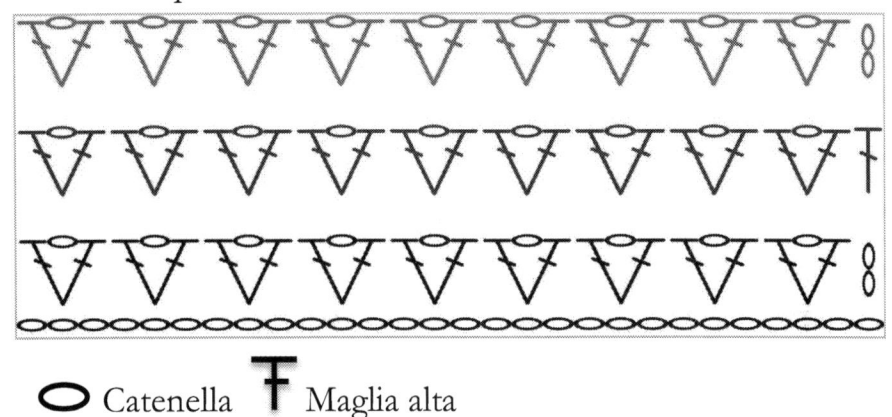

O Catenella   T Maglia alta

Procedimento

Parte Anteriore
Avvia una catenella
XS = 108 m
S = 114 m
M = 123 m
L = 132 m
XL = 138 m

Step 1: 2 cat, 1 V nella 5°cat dell'uncinetto. [salta 2 m, 1 V nella m succ]. Ripeti la sezione fino alla fine del giro. Finisci il giro con: salta 1 m e fai 1 m.a. nella succ.
*le 2 cat iniziali contano come 1 m.a.

Step 2: 2 cat, 1 V nello spazio di una cat del V precedente. Ripeti fino alla fine del giro.
Ripeti la riga 2 finché non hai la lunghezza desiderata o fino a quando non hai in totale:

XS = 41 giri
S = 42 giri
M = 43 giri
L = 44 giri
XL = 45 giri

Parte Posteriore

Sulla prima fila della porzione posteriore lasceremo spazio per il collo. Usa 2 segnapunti per segnare la linea del collo.

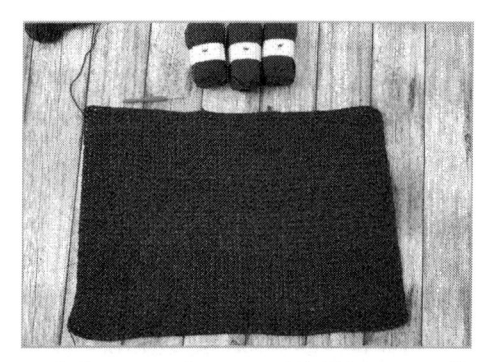

XS = 13 V m per sinistra e destra, 10 V m per il collo
S = 14 V m per sinistra e destra, 10 V m per il collo
M = 15 V m per sinistra e destra, 11 V m per il collo
L = 16 V m per sinistra e destra, 12 V m per il collo
XL = 17 V m per sinistra e destra, 12 V m per il collo

*i numeri per le taglie S, M, L e XL sono scritte tra parentesi.

Step 1: 2 cat, 1 V m nella prossima V del giro precedente. Proseguire con le V m fino al segnapunti. Effettuare una V in questa maglia e fai 32 (32, 35, 38, 38) cat, salta i punti per la linea del collo e continuare con 1 V m in ogni m fino al segnapunti.

Step 2: A partire dalla riga 2 dovrai creare lo stesso numero di righe della sezione frontale. Nella catenella creata per il collo le V saranno uguali a quelle che hai fatto nella catenella di base: Salta 2 m, 1 V m nella succ. * Se si desidera che il pannello posteriore sia più lungo del pannello anteriore, è possibile lavorare più giri.

Piega il capo a metà e cucire i lati, lasciando alcune file (m) per i fori del braccio.

Fori del braccio
XS = 10 giri
S = 11 giri
M = 12 giri
L = 13 giri
XL = 14 giri

Dopo aver finito il pannello posteriore, in pratica hai un poncho. Ma se vuoi un maglione devi….

Maniche

Le maniche sono lavorate in tondo usando il la mezza maglia alta. Puoi usare qualsiasi punto che desideri. Inoltre, se si desidera avere maniche più lunghe, è possibile iniziare con il motivo a V e quindi realizzare i polsini con un altro motivo.

Inizia il giro nella cucitura sotto l'ascella.

Step 1: 2 cat, 1mma nella stessa m, 1mma in ogni m intorno 1 mbss nella 1mma.

Ripetere lo step 1 fino ad avere la lunghezza desiderata della manica. Circa 15 giri in totale.

Dopo aver finito le maniche, puoi aggiungere un altro giro di mma nella parte inferiore del maglione e nella linea del collo.

Progetto # 8 Sciarpa Panda

Uncinetto: nr 6.0, 5.5 e 3.5 mm

Materiale:

Filato Ciniglia

Bianco - 1 gomitolo da 100gr
Nero - 2 gomitoli da 100gr cad

Filato Cottone da 8/8

Nero - 1 gomitolo da 50gr
Rosa scuro - 1 gomitolo da 50gr

Filato Cottone da 8/4

Bianco - 1 gomitolo da 50gr

Filo da cucito bianco, filo nero.

Abbreviazioni:

cat : catenella
mb : maglia bassa
ma : maglia alta
mbss : maglia bassissima
mma : mezza maglia alta
1 aum : 2 mb in una maglia
1 dim : 2 mb chiuse insieme

La lunghezza della sciarpa è di circa 145 cm, se vuoi una sciarpa più lunga avrai bisogno di un altro gomitolo di ciniglia

Procedimento

Modello Cappuccio

Usa il filato bianco in ciniglia e l'uncinetto 5.5 mm

Inizia facendo 19 cat.

Inizia facendo 19 cat.

Step 1: 2 cat, 1 ma nella 3a cat dell'uncinetto, 15 ma, 3 ma nella stessa m, continuare dall'altra parte della catenella, 15 ma, 2 ma nella stessa m, gira (37)
Step 2: 2 cat, saltare la prima m, 15 ma, [1 aum] x5, 15 ma, 1 ma nella 3a cat per girare, gira (42)
Step 3: 2 cat, saltare la prima m, 15 ma, [1 aum] x10, 15 ma, 1 ma nella 3a cat per girare, gira (52)

Step 4: 2 cat, saltare la prima m, 1 ma in ogni m, 1 ma nella 3a cat per girare, gira (52)

Step 5: 2 cat, saltare la prima m, 17 ma, [1 aum, 1 ma] x8, 17 ma, 1 ma nella 3a cat per
girare, gira (60)

Step 6: 2 cat, saltare la prima m, 1 ma in ogni m, 1 ma nella 3a cat per girare, gira (60)

Step 7: 2 cat, saltare la prima m, 18 dc, [1 aum, 2 ma] x8, 16 ma, 1 ma nella 3a cat per
girare, gira (68)

Step 8:16: 2 cat, saltare la prima m, 1 ma in ogni m, 1 ma nella 3a cat per girare, gira (9 step, 68)

Taglia il filo e lascialo abbastanza lungo.

Sciarpa

Usa il filato nero in ciniglia e l'uncinetto 6.0 mm

Inizia facendo 20 cat.

Step 1: 1 ma nella 3a cat dell'uncinetto, 1 ma in ogni m, gira

Step 2: 2 cat (conta come 1 ma), saltare la prima m, 1 ma in ogni m, gira. Ripetere lo step 2 fino a quando la sciarpa misura 145 cm. Se vuoi una sciarpa più lunga, fai qualche step in più.

Ma nota che in tal caso potresti aver bisogno di un altro gomitolo. NON tagliare il filo.

Attacca il cappuccio

Misura la metà della sciarpa e posiziona il cappuccio lungo uno dei lati larghi della sciarpa. Assicurati che il cappuccio sia al centro. Cuci il cappuccio.

Maglia bassa usando l'uncinetto 6.0 mm tutto intorno alla sciarpa e al cappuccio con 3 mb inogni angolo. Intrecciare tutti i fili.

Tasca (x 2)

Usa il filato nero in ciniglia e l'uncinetto 6.0 mm

Inizia facendo 15 cat

Step 1: 1 ma nella 3a cat dell'uncinetto, 1 ma in ogni m, gira
Step 2-6: 2 cat (conta come la 1 ma), saltare la prima m, 1 ma in ogni m, gira. Mb su 3 lati con 3 mb in ogni angolo.

Cuci le tasche usando del filo da ricamo.

Orecchie (x 2)

Usa il filato nero di ciniglia e l'uncinetto 5.5 mm

Inizia con l'anello magico.

Step 1: 6 mb nell'anello magico (6)
Step 2: [1 aum] x6 (12)
Step 3: [1 mb, 1 aum] x6 (18)
Step 4-7: 18 mb (4 step, 18)
Step 8: [1 mb, 1 dim] x6 (12) Termina con 1 mbss.

Taglia il filo e lascialo lungo

Occhi (x 2)

Usa il cotone 8/8 nero e l'uncinetto 3.5 mm

Inizia con l'anello magico

Step 1: 6 mb nell'anello magico (6)
Step 2: [1 aum] x6 (12)
Step 3: [1 mb, 1 aum] x6 (18)
Step 4: 1 mb, 1 aum, [2 mb, 1 aum] x5, 1 mb (24)
Step 5: [3 mb, 1 aum] x6 (30)

Ricama le ciglia usando del filo bianco.

Guance (fare 2)

Usa il cotone 8/8 rosa e l'uncinetto 3.5 mm

Inizia con l'anello magico

Step 1: 6 mb nell'anello magico (6)
Step 2: [1 aum] x6 (12)
Step 3: [1 mb, 1 aum] x6 (18)

Assemblaggio

Appunta le orecchie gli occhi e le guance al cappuccio e cucili.

Taglia pezzi di filato con il colore bianco e usali come frange.

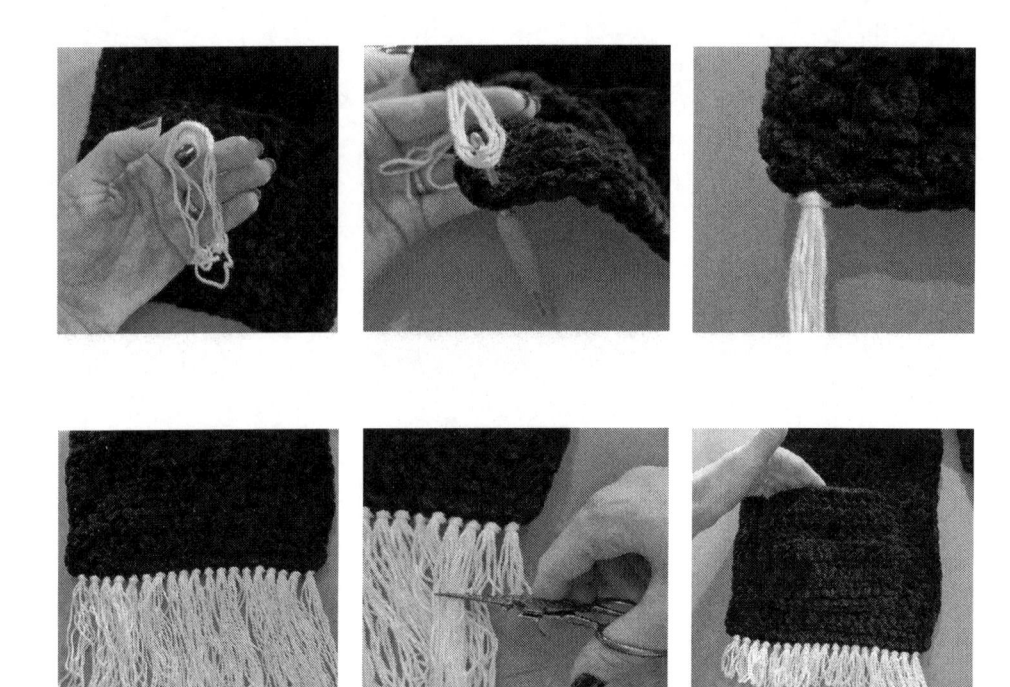

Progetto # 9 Cesta per vaso

Uncinetto da 9 mm

Materiale:

Filato 50%cotone- 50% Poliestere
Beige chiaro 3 gomitoli
Beige scuro 1 gomitolo
ago da lana,
bottoni (facoltativi)

Abbreviazioni:

mbss: maglia bassissima
mb: maglia bassa
maRdav: maglia bassa in rilievo sul davanti
mbRdtr: maglia bassa in rilievo sul di dietro
aum: aumento di 2 mb in uno stesso punto
* *: rip. i punti indicati tra gli asterischi tante volte quante sono indicate tra le x

Misure: 23 cm diametro x 20 cm altezza

Note

Lavorare a spirale.

Spiegazione con esempio: *2 mb, aum* x6 (18) = lavorare una maglia bassa nelle 2 m. succ., lavorare un aumento (2 maglie basse in uno stesso punto) nella m. succ. Rip. 6 volte per ottenere 18 punti totali.

Spiegazione con esempio: 1 mbRdtr (48) = lavorare una maglia bassa da dietro in ciascuna m. del giro formato da 48 maglie totali

Base della cesta

Beige chiaro
Inizia con un anello magico
Lavora 6mb nell'anello (6)
Step 1: aum (12)
Step 2: *1 mb, aum* x6 (18)
Step 3: *2 mb, aum* x6 (24)
Step 4: *3 mb, aum* x6 (30)
Step 5: *4 mb, aum* x6 (36)
Step 6: *5 mb, aum* x6 (42)

Step 7: *6 mb, aum* x6 (48)
Step 8 - 12: 1 mbRdtr(48)
Step 13: 1 mb (48)
Step 14 - 18: 1 mbRdtr (48)
Step 19: 1 mbRdtr. Terminare con 1 mbss (48)

Controllare che le misure del diametro siano adatte al vaso. Tagliare e chiudere.
Con il beige scuro
Step 20: 1 maRdav. Terminare con 1 mbss(48)

Dettagli:

Sovrapporre il filato beige scuro sul filo anteriore della prima m. dello Step 8. Lavorare 2 mbss in ciascun filo anteriore fino all'ultima m. dello Step 12. Terminare con 1 mbss. Tagliare. Rip. dalla prima m. dello Step 14 fino all'ultima m. dello Step 18. Terminare con 1 mbss. Tagliare.
Decorazione: Sullo Step 13 cucire i bottoni attorno al vaso

Progetto # 10 Cuscino Arcobaleno

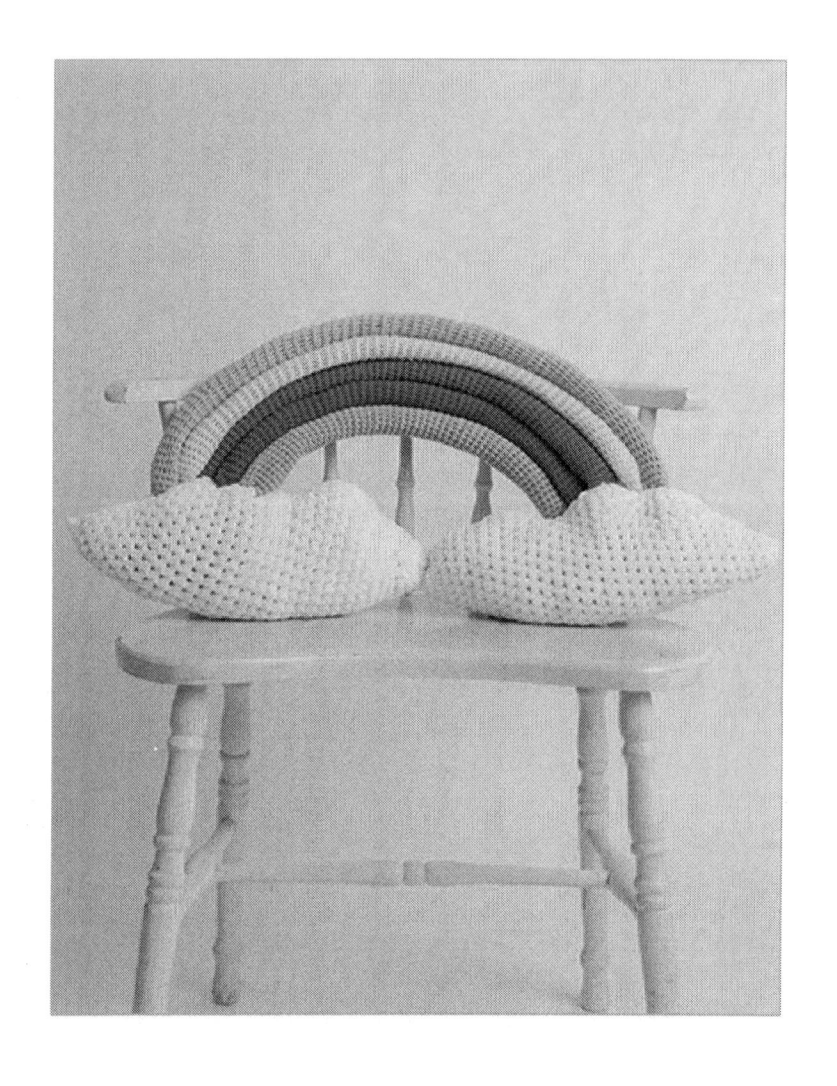

Uncinetto: 8mm 4 mm.

Materiale:

Filato Ciniglia
Panna 2 gomitoli 100gr cad

Filato Cotone 50%/acrilico 50%

Verde chiaro 1 gomitolo 50gr
Rosso 1 gomitolo 50gr
Azzurro 1 gomitolo 50gr
Giallo 1 gomitolo 50gr
Lampone 1 gomitolo 50gr
Ago da lana – Imbottitura

Abbreviazioni:

cat : catenella
mb: maglia bassa
mbss: maglia bassissima
dim: diminuire= 2mb chiuse insieme
m: maglie
rip: ripetere

Procedimento

Nuvola (x2)

Usa il filato Panna e l'uncinetto 8

Inizia con un anello magico
Lavora 8 mb nell'anello
Step 1: lavorare 2mb in tutte le m. (16m)
Step 2: 16mb.
Step 3: dim, 14mb. (15m)
Step 4: 3mb nella successiva m, 14 mb. (17m)

Step 5: 3mb nella successiva m, 1mb, 3mb nella successiva maglia, 14mb. (21m)
Step 6: 3mb nella successiva m, 20mb. (23mb)
Step 7: 3mb nella successiva m, 1mb, 3mb nella successiva maglia, 20mb. (27m)
Step 8: 3mb nella successiva m, 26mb. (29m)
Step 9: 3mb nella successiva m, 1 mb, 3mb nella successiva m, 26mb. (33m)
Step 10: 33mb.
Step 11: 2dim, 1mb, 2dim, 24mb. (29m)
Step 12: dim, 1 mb, dim, 24mb. (27m)
Step 13: dim, 1 mb, dim, 22mb. (25m)
Step 14: dim, 1 mb, dim, 20mb. (23m)
Step 15: 3mb nella successiva m, 22mb. (25m)
Step 16: 3mb nella successiva m, 1mb, 3mb nella successiva m, 22mb. (29m)
Step 17: 29mb.
Step 18: 3mb nella successiva m, 1mb, 3mb nella successiva m, 26mb. (33m)
Step 19: 3mb nella successiva m, 32m. (35m)
Step 20-22: 2dim, 1mb, 2dim, mb nelle successive m. (ci saranno 23m alla fine dello Step22)
Step 23: 23mb.
Step 24: 3mb nella successiva m, 22mb. (25m)
Step 25: 3mb nella successiva m, 1mb, 3mb nella successiva m, 22mb. (29m)
Step 26: 2dim, 1mb, 2dim, 20mb. (25m)
Step 27-28: 6dim, mb nelle successive m. (ci saranno 13m alla fine del Step28)
Step 29: 2dim, 9mb. (11m)

Imbottire la nuvola.

Step 30: 11mb.
Step 31: dim, 9mb. (10m)

Step 32: 5dim. (5m)

Chiudere il lavoro.

Arcobaleno

Uncinetto 4

Con il filato Verde chiaro, Rosso, Azzurro, Giallo e Lampone realizza 16 catenelle e chiudere a cerchio con una mbss.
Step 1: 1cat, mb in ogni maglia.
Step 2: mb in ogni maglia.

Rip lo Step2 come indicato sotto:

Lavorare il verde chiaro rip lo Step2 finchè non arriva a misurare 35cm.
Usa il colore Rosso, rip lo Step2 finchè non arriva a misurare 40cm.
Usa il colore Azzurro, rip lo Step2 finchè non arriva a misurare 45cm.
Usa il colore Giallo, rip lo Step2 finchè non arriva a misurare 50cm.
Usa il colore Lampone, rip lo Step2 fino a che non arriva a misurare 55cm.
Imbottire gli archi.

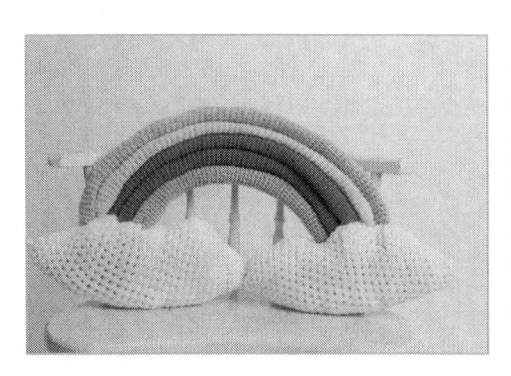

Note: Per dare una forma curva all'arcobaleno potete prendere del fil di ferro e avvolgerlo con imbottitura e nastro adesivo. In alternativa potete usare della carta stagnola.

Confezionare il lavoro

Cucire le due nuvole insieme. Cucire i vari colori dell'arcobaleno sulle nuvole (guardare la foto come esempio). Iniziare a cucire dal colore più corto al centro e proseguire con i colori più lunghi.

Progetto #11 Kefiah Lilla

Uncinetto 3,5mm

Materiale:

Filato 50% Cotone 50% Acrilico
Lilla 4 gomitoli 50gr cad

Abbreviazioni:

cat : catenella
mb : maglia bassa
ma : maglia alta
pg : punto gambero
Dimensione: 93 x69x69 cm

Procedimento

Avviare 205 cat

Step 1: 1cat, 1mb nella seconda cat dall'uncinetto, *3cat, 1ma nella 3°cat dall'uncinetto, saltare 3cat di base, 1mb nella cat seguente* Ripetere da *a* per 45 volte

Step 2: 1cat allungata (allungare la maglia sull'uncinetto fino a metà del 1°archetto sottostante), 1mb al centro del primo archetto, *3cat, 1ma nella 3°cat dall'uncinetto, 1mb al centro dell'archetto seguente* Ripetere da *a* per 46 volte

Step 3-46 : proseguire come dal 2°Step fino a rimanere con 1 solo motivo.

Tagliare ed affrancare il filo.

Rifinitura

Partendo dalla base delle 205 cat fare:

4mb nello spazio del 1°archetto, 2mb in ogni spazio successivo, 4mb nello spazio dell'ultimo archetto (lato lungo della Kefiah).

Proseguire con le mb sul primo lato obliquo e fare 1mb tra lo spazio di 2 archetti ed 1mb al centro dell'archetto successivo per un totale di 89mb, 3mb al centro dell'archetto che forma la punta della Kefiah e concludere con 89mb sul secondo lato obliquo.

Tornare indietro facendo 1pg in ogni mb rifinendo i 2 lati obliqui della Kefiah.

Tagliare e fermare il filo.

Progetto #12 Black and white
Guanti senza dita

Uncinetto: 4 mm

Materiale:

Filato acrilico bicolore 1 gomitolo

Abbreviazioni:

cat : catenella
mb : maglia bassa
ma : maglia alta

maRdav : maglia alta in rilievo sul davanti

maRdtr : maglia alta in rilievo sul di dietro

mbss : maglia bassissima

m : maglia/e

Misure

Questo modello è disponibile in una sola taglia.

Larghezza polso a: 10.5 cm
Larghezza delle dita b: 10 cm
Lunghezza c: 20 cm

Dimensioni

Larghezza del polso: 10.5 cm. Larghezza alle nocche: 10 cm Lunghezza: 20 cm 13 giri = 10 cm con i punti usati nello schema

Schema dei punti senza il bordo a coste

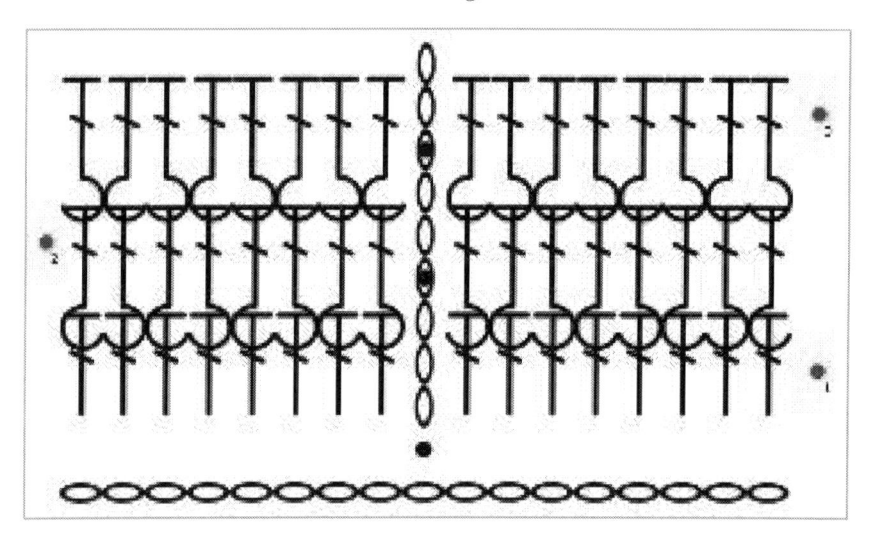

Note per il modello

Le 3 cat all'inizio del giro contano come la prima m.

Tutti i giri sono uniti con 1 mbss nella 3° m della cat di inizio.

Se vuoi modificare la larghezza, fai una cat con multipli di 2 più una cat 3 e inizia con la 1° ma nella 5° cat dall'uncinetto.

Procedimento

Guanto Sinistro

Inizio: 30 cat e unisci le estremità con 1 mbss per fare un cerchio.

Step 1: 3 cat, partendo dalla 5° m, 1 ma in ogni m, unisciti con 1 mbss alla 3° m della cat di inizio.

Step 2: 3 cat , *1 maRdav, 1 maRdtr * Ripeti fino a che non rimane 1 m, 1 maRdav, unisciti con 1 mbss alla 3° m della cat di inizio.

Step 3-5: Ripeti **Step 2**

Step 6: 3 cat, *1 maRdtr, 1 maRdav* Ripeti fino a che non rimane 1 m, 1 maRdtr, unisciti con 1 mbss alla 3° m della cat di inizio.

Step 7: Ripeti **Step 2**

Step 8 - 17: Ripeti **Step 6** e **Step 7**

Step 18: 3 cat, 1 maRdtr, 1 maRdav, 1 maRdtr, 4 cat, salta 6 m, continua con le m dello schema fino alla fine del giro, unisciti con 1 mbss alla 3° m della cat per girare.

Step 19: 3 cat, 1 maRdav, 1 maRdtr, 1 maRdav, 1 ma nelle prox 4 m della cat, continua con le m dello schema fino alla fine del giro, unisciti con 1 mbss alla 3° m della cat per girare.

Step 20- 25: Ripeti **Step 6** e **Step 7**

Finisci il guanto con un altro giro di mb. Taglia e ferma il filo.

Guanto Destro

Step 1- 17: Ripeti lo stesso schema come per il guanto sinistro

Step 18: 3 cat, *1 maRdtr , 1 maRdav* nelle prime 20 m, 4 cat, salta 6 m, continua con le m dello schema fino alla fine del giro, unisciti con 1 mbss alla 3° m della cat per girare.

Step 19: 3 cat, *1 marRdav, 1 maRdtr* nelle prime 20 m, 1 ma nelle prox 4 m della cat, continua con le m dello schema fino alla fine del giro, unisciti con 1 mbss alla 3° m della cat per girare.

Step 20- 25: Ripeti **Step 6** e **Step 7**

Finisci il guanto con 1 ulteriore giro a mb.

Pollice

Inizio.

Aggancia il filato ad uno dei punti del foro per il pollice

Step 1: 1 cat, 1 mb in ogni, unisciti con 1 mbss alla 1°mb.

Step 2- 4: Ripeti **Step 1**

Taglia e ferma il filo.

Ripeti il modello nell'altro foro del pollice. Chiudi e nascondi tutti i fili.

Progetto #13 Tappetino Rotondo

Uncinetto 7 mm

Materiale:

Fettuccia

Colore 1: (a piacere). 430g (circa)

Colore 2: (a piacere). 300g (circa)

Opzionale: una vernice antiscivolo

Misure: 77 cm di diametro (circa)

Abbreviazioni:

cat: catenella

m: maglia

mb: maglia bassa

ma: maglia alta

mbss: maglia bassissima

ma: anello magico

Nota:

Sfalsare gli aumenti per evitare che il tappetino diventi angolare.

Procedimento

Inizia con il colore 1.

Inizia con un anello magico

Step 1: 3 cat (sostituisce come 1 ma). Lavora 11 ma nell'anello, e termina con 1 mbss nella prima m. (12)
Step 2: 2 cat (sostituisce come 1 ma). Lavora 1 ma nella stessa m. Lavora 2 ma in ogni m fino alla fine del giro. Termina con 1 mbss nella prima m. (24)
Step 3: 2 cat (sostituisce come 1 ma), Lavora 2 ma nella m succ. Lavora "1 ma, 2 ma nella m succ". Ripetere da "a" fino alla fine del giro, e termina con 1 mbss nella prima m. (36)
Step 4: 2 cat (sostituisce come 1 ma). Lavora 1 ma nella m succ, e 2 ma nella m succ. Lavora "1 ma nelle 2 m succ, 2 ma nella m

succ". Ripetere da "a"fino alla fine del giro, e termina con 1 mbss nella prima m. (48)

Step 5: 2 cat (sostituisce come 1 ma). Lavora 1 ma nelle 2 m succ e 2 ma nella m succ. Lavora "1 ma nelle 3 m succ, 2 ma nella m succ". Ripetere da "a"fino alla fine del giro, e termina con 1 mbssnella prima m. (60)

Step 6: 2 cat (sostituisce come 1 ma). Lavora 1 ma nelle 3 m succ e 2 ma nella m succ. Lavora "1 ma nelle 4 m succ, 2 ma nella m succ". Ripetere da "a"fino alla fine del giro, e termina con 1 mbssnella prima m. (72)

Step 7: 2 cat (sostituisce come 1 ma). Lavora 1 ma nelle 4 m succ e 2 ma nella m succ. Lavora "1 ma nelle 5 m succ, 2 ma nella m succ". Ripetere da "a"fino alla fine del giro, e termina con 1 mbssnella prima m. (84)

Step 8: 2 cat (sostituisce come 1 ma). Lavora 1 ma nelle 5 m succ e 2 ma nella m succ. Lavora "1 ma nelle 6 m succ, 2 ma nella m succ". Ripetere da "a"fino alla fine del giro, e termina con 1 mbssnella prima m. (96)

Step 9: 2 cat (sostituisce come 1 ma). Lavora 1 ma nelle 6 m succ e 2 ma nella m succ. Lavora "1 ma nelle 7 m succ, 2 ma nella m succ". Ripetere da "a"fino alla fine del giro, e termina con 1 mbssnella prima m. (108)

Step 10: 2 cat (sostituisce come 1 ma). Lavora 1 ma nelle 7 m succ e 2 ma nella m succ. Lavora "1 ma nelle 8 m succ, 2 ma nella m succ". Ripetere da "a"fino alla fine del giro, e termina con 1 mbssnella prima m (120)

Step 11: 2 cat (sostituisce come 1 ma). Lavora 1 ma nelle 8 m succ e 2 ma nella m succ. Lavora "1 ma nelle 9 m succ, 2 ma nella m succ". Ripetere da "a"fino alla fine del giro, e termina con 1 mbssnella prima m.(132)

Step 12: 2 cat (sostituisce come 1 ma). Lavora 1 ma nelle 9 m succ e 2 ma nella m succ. Lavora "1 ma nelle 10 m succ, 2 ma nella m succ". Ripetere da "a" fino alla fine del giro, e termina con 1 mbss nella prima m. (144)

Step 13: 2 cat (sostituisce come 1 ma). Lavora 1 ma nelle 10 m succ e 2 ma nella m succ. Lavora "1 ma nelle 11 m succ, 2 ma nella m succ". Ripetere da "a" fino alla fine del giro, e termina con 1 mbss nella prima m. (156)

Step 14: 2 cat (sostituisce come 1 ma). Lavora 1 ma nelle 11 m succ e 2 ma nella m succ. Lavora "1 ma nelle 12 m succ, 2 ma nella m succ". Ripetere da "a" fino alla fine del giro, e termina con 1 mbss nella prima m. (168)

Step 15: 2 cat (sostituisce come 1 ma). Lavora 1 ma nelle 12 m succ e 2 ma nella m succ. Lavora "1 ma nelle 13 m succ, 2 ma nella m succ". Ripetere da "a" fino alla fine del giro, e termina con 1 mbss nella prima m. (180)

Passare al colore 2.

Step **16**: 2 cat (sostituisce come 1 ma). Lavora 1 ma nelle 13 m succ e 2 ma nella m succ. Lavora "1 ma nelle 14 m succ, 2 ma nella m succ". Ripetere da "a" fino alla fine del giro, e termina con 1 mbss nella prima m. (192)

Step 17: 2 cat (sostituisce come 1 ma). Lavora 1 ma nelle 14 m succ e 2 ma nella m succ. Lavora "1 ma nelle 15 m succ, 2 ma nella m succ". Ripetere da "a" fino alla fine del giro, e termina con 1 mbss nella prima m. (204)

Step 18: 2 cat (sostituisce come 1 ma). Lavora 1 ma nelle 15 m succ e 2 ma nella m succ. Lavora "1 ma nelle 16 m succ, 2 ma nella m succ". Ripetere da "a" fino alla fine del giro, e termina con 1 mbss nella prima m. (216)

Step 19: 2 cat (sostituisce come 1 ma). Lavora 1 ma nelle 16 m succ e 2 ma nella m succ. Lavora "1 ma nelle 17 m succ, 2 ma nella m succ". Ripetere da "a"fino alla fine del giro, e termina con 1 mbss nella prima m. (228)

Step 20: 2 cat (sostituisce come 1 ma). Lavora 1 ma nelle 117 m succ e 2 ma nella m succ. Lavora "1 ma nelle 18 m succ, 2 ma nella m succ". Ripetere da "a"fino alla fine del giro, e termina con 1 mbss nella prima m. (240)

Step 21: 2 cat (sostituisce come 1 ma). Lavora 1 ma nelle 18 m succ e 2 ma nella m succ. Lavora "1 ma nelle 19 m succ, 2 ma nella m succ". Ripetere da "a"fino alla fine del giro, e termina con 1 mbss nella prima m. (252)

Passare al colore 1.

Step 22: 2 cat (sostituisce come 1 ma). Lavora 1 ma nelle 19 m succ e 2 ma nella m succ. Lavora "1 ma nelle 20 m succ, 2 ma nella m succ". Ripetere da "a"fino alla fine del giro, e termina con 1 mbss nella prima m. (264)

Step 23: 1 cat. Lavora 1 mb in ogni m fino alla fine del giro. Termina con 1 mbss. (264). Taglia il filo e intreccia le estremità.

Suggerimento:

Prendi in considerazione di aggiungere della vernice antiscivolo sul rovescio del tappetino in modo da renderlo, appunto, antiscivolo.

Progetto #14 Cappellino e Manicotti
(per bimba)

Uncinetto 10mm - 7mm

Materiale:

Filato stoppino in misto lana

Rosa fluo 100gr
Fucsia 100gr

Abbreviazioni:

cat : catenella
mb : maglia bassa
mbss : maglia bassissima
mma : mezza maglia alta
ma : maglia alta
maRdav : maglia bassa in rilievo sul davanti
pg : punto gambero

Procedimento

Cappello
Step 1: con il filato Fucsia fare un anello e lavorare all'interno 6 mb – chiudere con 1mbss
Step 2: 2 mb in ogni mb del giro precedente = 12mb – chiudere con 1mbss
Step 3: 1mb nella mb sottostante – 2 mb nella mb sottostante successiva – ripetere fino a fine giro = 18mb – chiudere con 1mbss
Step 4: con il filato Rosa Fluo fare 2cat (1ma) 1ma nella stessa mb del giro precedente – 1ma nella mb successiva del giro precedente – ripetere fino a fine giro = 27ma
Step 5: con il filato Fucsia fare 2mb nelle 2ma sottostanti – 2ma basse nella ma sottostante successiva. Ripetere fino a fine giro = 35mb
Step 6: con il filato Rosa Fluo fare 1ma in ogni mb sottostante = 35ma
Step 7: ripetere il 6° giro
Step 8: col filato Fucsia fare 1mb in ogni ma sottostante =35mb
Step 9: con il filato Rosa Fluo fare 6mb - 1mma - 5ma - 1mma - -11mb -1mma - 5ma -1mma -4mb
tagliare e affrancare il filo.

Agganciare il filato Rosa Fluo dove si e' formato il copri orecchio e fare: 1mb – 1mma – 5ma – 1mma – 1mb girare e ripetere 1mb – 1mma – 5ma – 1mma – 1mb.

Tagliare e affrancare il filo.
Ripetere sull'altro copri-orecchio.
Con il filato Fucsia fare 1 giro di mb ed 1 giro di pg.
Tagliare e affrancare il filo.

Pompon

con il filato Rosa Fluo rimasto realizzate un pompon e cucitelo sul cappello.

Treccine

Sempre con il filato Rosa Fluo e l'uncinetto 10 partire dalla dall'estremità più bassa del copri orecchio sinistro e realizzare una cat lunga a vostro piacimento, ripetere lo stesso lavoro partendo dall'estremità più bassa del copri-orecchio destro.

Esecuzione Manicotti

Per il polsino

Step 1: - 6 cat
Step 2: fare 1mb nella seconda cat dall'uncinetto e 1mb nelle cat fino a fine rigo (5mb)
Step 3: fare 1 maRdav in ciascuna mb sottostante
Step 4 - 15: ripetere il terzo giro

Chiudere il polsino facendo 5mbss (cosi da formare un tubolare).
Proseguire lavorando in tondo
Step 1: 15 mb – chiudere il giro con 1mbss
Step 2: 2cat(1ma)- 14ma -chiudere il giro con 1mbss nella 2cat
Step 3: ripetere il 2° giro
Step 4: 2cat (1ma) – 9ma – 2cat - saltare 2ma sottostanti e fare

1ma nella terza ma del giro precedente – 2ma
Step 5: 15 ma
Step 6: rifinire il giro con il pg

Tagliare e affrancare il filo.
Fare un altro manicotto uguale.

Progetto # 15 Scialle

Uncinetto: 6 mm

Materiale:

Filato Acrilico 100%

Nero 1 gomitolo
Fantasia 3 gomitoli

Abbreviazioni:

m : maglia
cat :catenella
ma : maglia alta
mat: maglia altissima

succ : successivo

sp-cat : spazio catenella

Procedimento

Filato fantasia

Creare un anello magico, ma non chiuderlo completamente.

Step 1: 4 cat, 3 dma, 2 cat, 3 dma, 1 mat nell'anello magico, 4 cat e gira.

Step 2: 2 dma nella prima m, 1 dma nelle 3 m succ, [2 dma, 2 cat, 2 dma] nella punta, 1 dma nelle 3 m succ, [2 dma, 1 mat] nella 3a cat dell'inizio del step, 4 cat e gira

Step 3: 2 dma nella prima m, 1 dma nelle 7 m succ, [2 dma, 2 cat, 2 dma] nella punta, 1 ddma nelle 7 m succ, [2 dma, 1 mat] nella 3a cat dell'inizio del step, 4 cat e gira

Step 4: 2 dma nella prima m, [2 cat, saltare 2 m, 1 dma] x 3, 2 cat, saltare 2 m, [2 dma, 2 cat, 2dma] nella punta, [2 cat, saltare 2 m, 1 dma] x 3, 2 cat, saltare 2 m, [2 dma, 1 mat] nella 3a cat dell'inizio del step, 4 cat e gira

Step 5: 2 dma nella prima m, 1 dma nelle 2 m succ, [2 dma nello sp-cat, 1 dma nelle 2 m succ, 2 dma nello sp-cat] ripetere [ ] fino alla punta, 1 dma nelle 2 m succ, [2 dma, 2 cat, 2 dma] nella punta, 1 dma nelle 2 m succ [2 dma nello sp-cat, 1 ma nella m succ, 2 dma nello sp-cat] ripetere [ ] fino a quando rimangono 2 m e le 3 cat iniziali, 2 dma, [2 dma, 1 mat] nella 3a cat dell'inizio del step, 4 cat e gira

Step 6–7: 2 dma nella prima m, [1 cat, saltare 1 m, 1 dma, 1 cat, saltare 1 m] ripetere [ ] fino alla punta, [2 dma, 2 cat, 2 dma] nella punta, [1 cat, saltare 1 m, 1 dma, 1 cat, saltare 1 m] ripetere [ ] fino alla fine del step, [2 dma, 1 mat] nella 3a cat dell'inizio del step, 4 cat e gira

Step 8–9: 2 dma nella prima m, 1 dma fino alla punta, [2 dma, 2 cat, 2 dma] nella punta, 1 dma fino alla fine del step, [2 dma, 1 mat] nella 3a cat dell'inizio del step, 4 cat e gira

Ripetere i giri **4-9** cinque volte in totale. Dopo, lavora i giri **4-5** ancora una volta.

Passare al filo nero.

Lavora un step di mb: 1 cat, 1 mb fino alla punta, [1 dma, 1 cat, 1 mb] nella punta, 1 mb in ogni m, 1 mb nella 1a cat dell'inizio del step.

Bordo:

Step 1: [5 cat, saltare 3 m, 1 mb nella m succ] ripetere fino alla fine del step.
Step 2: 1 cat, [4 mb, 3 cat, 4 mb] nello sp-cat, ripetere fino alla fine del step.

| Step 1 | 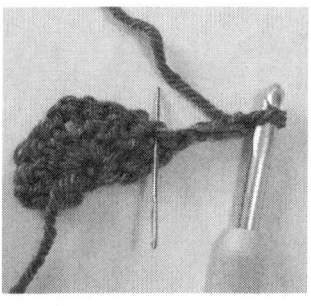 Step 2 |  Step 3 |

Finito 2 step

Finito 3 step

Finito 4 step

Finito 5 step

Finito 6 step

Finale dal 1 al 9 step

Bordo

Progetto #16 Rabbit - Copertina delle Coccole

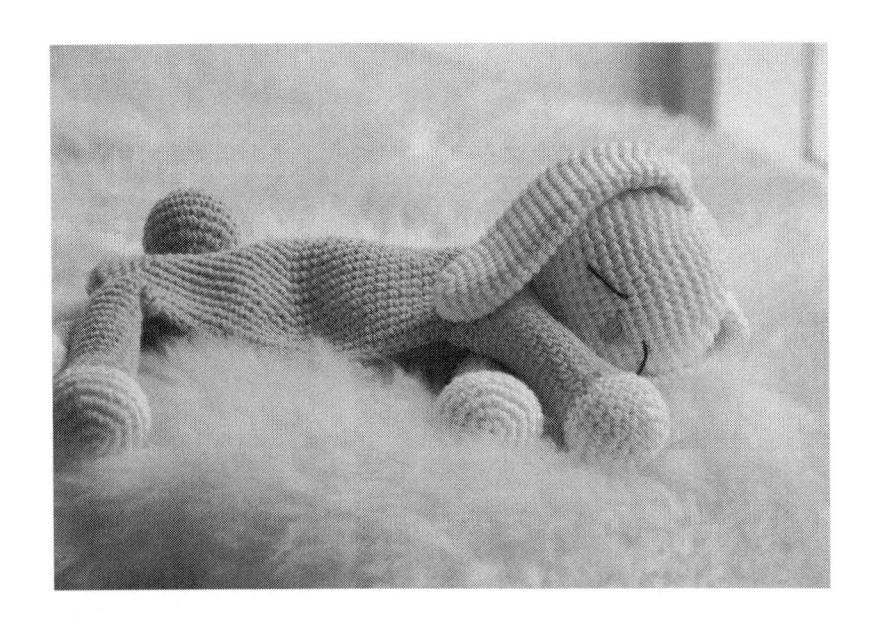

Uncinetto: 3.5mm

Materiale:

Filato Cottone da 8x8

Corallo chiaro - 2 gomitoli da 50gr l'uno
Bianco - 3 gomitoli da 50gr l'uno
Filo di cotone grigio per il muso.
Filo di cotone nero per gli occhi.
Imbottitura.

Abbreviazioni:

am : anello magico

mb: maglia bassa

mbss: maglia bassissima

aum: aumento

dim: diminuzione

g : giri

(xx): parentesi dopo il Step = numero di maglie dopo il Step finito cat = catenella

Info: Tutte le parti sono lavorate a spirale.

Suggerimento:
Riempire bene la testa. Lavora ben stretto per evitare i buchi tra le maglie.

Testa

Bianco

Inizia con l'anello magico

Step 1: 6 mb nell'anello magico (6)
Step 2: aum 6 volte (12)
Step 3: 1 mb, aum. Rip 6 volte (18)
Step 4: 2 mb, aum. Rip 6 volte (24)
Step 5: 3 mb, aum. Rip 6 volte (30)
Step 6: 4 mb, aum. Rip 6 volte (36)
Step 7: 5 mb, aum. Rip 6 volte (42)
Step 8: 6 mb, aum. Rip 6 volte (48)
Step 9-17: 1 mb in ogni mb (48) 9 giri.
Riempire la testa di imbottitura mentre procedi con il lavoro.
Step 18: 6 mb, dim. Rip 6 volte (42)

Step 19: 5 mb, dim. Rip 6 volte (36)
Step 20: 4 mb, dim. Rip 6 volte (30)
Step 21: 3 mb, dim. Rip 6 volte (24)
Step 22: 2 mb, dim. Rip 6 volte (18)
Step 23: 1 mb, dim. Rip 6 volte (12)
Step 24: 2 mb, dim. Rip 6 volte (9)

Intrecciare con un filo di lunghezza adeguata per raccogliere le ultime 9 mb. Raccogli tutti e 9 le asole esterne con un ago e tira il filo in modo che si chiuda bene e fissa il filo.

Il Corpo

Fare una parte in bianco e una parte in corallo chiaro

Inizia con l'anello magico

Step 1: 6 mb nell"anello magico (6)
Step 2: aum 6 volte (12)
Step 3: 1 mb, aum. Rip 6 volte (18)
Step 4: 2 mb, aum. Rip 6 volte (24)
Step 5: 3 mb, aum. Rip 6 volte (30)
Step 6: 4 mb, aum. Rip 6 volte (36)
Step 7: 5 mb, aum. Rip 6 volte (42)
Step 8: 6 mb, aum. Rip 6 volte (48)
Step 9: 7 mb, aum. Rip 6 volte (54)
Step 10: 8 mb, aum. Rip 6 volte (60)
Step 11: 9 mb, aum. Rip 6 volte (66)
Step 12: 10 mb, aum. Rip 6 volte (72)
Step 13: 11 mb, aum. Rip 6 volte (78)
Step 14: 12 mb, aum. Rip 6 volte (84)
Step 15: 13 mb, aum. Rip 6 volte (90)
Step 16: 14 mb, aum. Rip 6 volte (96)
Step 17: 15 mb, aum. Rip 6 volte (102)

Nel Step successivo, facciamo diminuzioni parallele su 2 dei lati.

Step 18:(G) 15 mb, dim 2 volte, 14 mb, aum, 16 mb, aum, 15 mb, dim 2 volte, 14 mb, aum, 16 mb, aum (102)
Step 19:(G) 32 mb, aum, 17 mb, aum, 32 mb, aum, 17 mb, aum (106)
Step 20:(G) 33 mb, aum, 18 mb, aum, 33 mb, aum, 18 mb, aum (110)
Step 21:(G) 34 mb, aum, 19 mb, aum, 34 mb, aum, 19 mb, aum (114)

Allunga un po' il corpo poiché si attorciglierà un po'. Dovrebbe essere leggermente piu' lungo che largo. (Foto 5)

Unisci entrambi i pezzi (bianco e corallo chiaro) dal rovescio al rovescio e lavorali insieme usando mb.

Gambe

Inizia col bianco

Inizia con l'anello magico

Step 1: 6 mb nell'anello magico (6)
Step 2: aum 6 volte (12)
Step 3: 1 mb, aum. Rip 6 volte (18)
Step 4: 2 mb, aum. Rip 6 volte (24)
Step 5-7: 1 mb in ogni mb (24) 3 giri
Step 8: 2 mb, dim. Rip 6 volte (18)

Passare al corallo chiaro

Step 9-10: 1 mb in ogni mb (18)
Step 11: 4 mb, dim. Rip 3 volte (15)
Step 12-26: 1 mb in ogni mb (15) 15 giri

Intrecciare con un filo di lunghezza adeguata per cucire.

Riempi bene le gambe sul fondo ma leggermente verso l'alto e posizionale sugli angoli delcorpo (Foto 6)

Cucili o lavorali all'uncinetto agli angoli come mostrato nell'immagine.

Orecchie

In Bianco.

Inizia con l'anello magico.

Step 1: 6 mb nell'anello magico (6)
Step 2: aum 6 volte (12)
Step 3: 1 mb, aum. Rip 6 volte (18)
Step 4: 5 mb, aum. Rip 3 volte (21)
Step 5: 6 mb, aum. Rip 3 volte (24)
Step 6-17: 1 mb in ogni mb (24) 13 giri
Step 18: 6 mb, dim. Rip 3 volte (21)
Step 19-20: 1 mb in ogni mb (21) 2 giri
Step 21: 5 mb, dim. Rip 3 volte (18)
Step 22-24: 1 mb in ogni mb (18) 3 giri
Step 25: 4 mb, dim. Rip 3 volte (15)
Step 26-28: 1 mb in ogni mb (15) 3 giri
Step 29: 3 mb, dim. Rip 3 volte (12)
Step 30: 1 mb in ogni (12)

Intrecciare con un filo di lunghezza adeguata per cucire.

Coda

In corallo chiaro

Inizia con l'anello magico

Step 1: 6 mb nell'anello magico (6)
Step 2: aum 6 volte (12)
Step 3: 1 mb, aum. Rip 6 volte (18)
Step 4: 2 mb, aum. Rip 6 volte (24)
Step 5-7: 1 mb in ogni mb (24)

Riempire la coda mentre procedi con il lavoro.

Step 8: 2 mb, dim. Rip 6 volte (18)
Step 9: 1 mb, dim. Rip 6 volte (12)

Intrecciare con un filo di lunghezza adeguata per cucire.

Assemblaggio

Ricama gli occhi sui giri 12-14 inclinati in basso fino allo Step 15.Partendo dalla parte superiore della testa. (Foto 1)

Ricama il muso dallo Step 14 in giù fino allo Step 17. (Foto 1).

Le orecchie sono cucite alla fine dello 6 Step, partendo dalla parte superiore della testa.(Foto 2)

La testa è cucita al centro della parte superiore del corpo. (Foto 3).

Cuci la coda al centro della parte inferiore del corpo.(Foto 4)

Foto 1   Foto 2

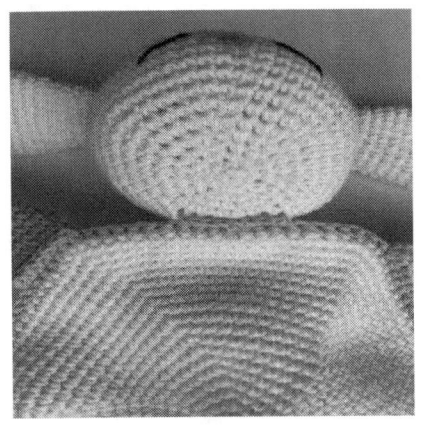

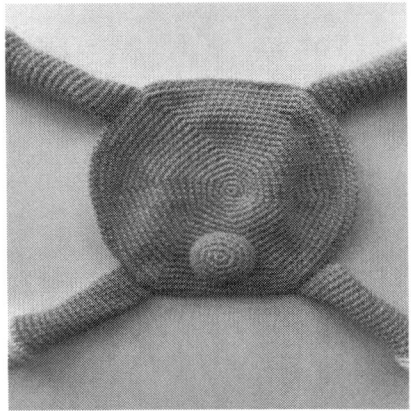

Foto 3

Foto 4

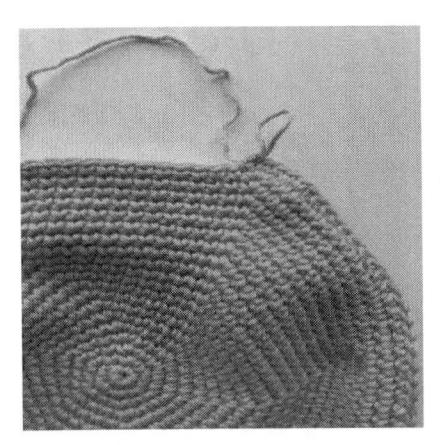

Foto 5

Foto 6

Progetto # 17 Borsa da Spiaggia

Uncinetto nr. 4

Materiale:

Cotone 8/4 Filo doppio

A = **Menta scura** 2 gomitoli 50gr cad
B = **Menta** 2 gomitoli 50gr cad
C = **menta pastello** 2 gomitoli 50gr cad
D = **bianco** 2 gomitoli 50gr cad

Misure: larghezza ca. 33 cm, altezza ca. 40 cm (misurata piatta e senza i manici)

Abbreviazioni:

m : maglia/e
am : anello magico
cat : catenelle
arch : archetto di catenelle
ma : maglia alta
mb : maglia bassa
mbss : maglia bassissima
g : giro/ferro
succ : successive
lav : lavorare
ins : insieme

Tono su Tono:
L'effetto tono su tono si ottiene alternando i colori in questo modo:

Lavora 9 g con il col. A a filo doppio.
Ora sostituisci uno dei fili con 1 di col. B, in questo modo lavorerai sia con il colore A e B. Lav 3 g. Cambia il filo di col A con quello di col B in modo da lavorare solo il col.B. Lav 4 g.
Ora sostituisci uno dei due fili con 1 di col. C, così lavorerai sia con il col. B e C. Lav 3 g. Cambia ora il filo di col B con il Col C. In questo modo lavorerai ora solo con il col. C. Lav 4 g.

Ora sostituisci uno dei due fili con 1 di col. D, in questo modo lavorerai ora sia con il col. C e D. Lav 3 g. Ora sostituisci il filo di col. C con il col. D, in questo modo lavorerai ora solo con il col. D. Lavora 3 g.
E alla fine lavorerai i manici solo con il col. D

Procedimento

Base

Con il col A.

Inizia con un anello magico

Step 1: Lav 5cat. Lav "3 m.a e 3 cat". Ripeti da "a " 3 volte in tutto. Lav 2 m.a concludi con 1 m.bss nella 3ª cat dall'inizio del g.

Step 2: Lav 1 m.bss nell'arch. Lav 4 cat. Lav 2 m.a nell'arch Lav "1 m.a nelle 3 m succ., 2 m.a, 2 cat e 2 m.a nel pross. arch". Ripeti da "a" 3 volte in tutto. Lav 1 m.a nelle 3 m. succ. e 1 m.a nel 1° arch dall'inizio del g. Concludi lav 1 m.bss nella 3ª cat.

Step 3: Lav 1 m.bss nell'arch. Lav 4 cat. Lav 2 m.a nell'arch. Lav "1 m.a nelle 7 m.succ., 2 m.a, 2 cat e 2 m.a nell'arch succ." Ripeti da "a " 3 volte in tutto. Lav 1 m.a nelle 7 m succ e 1 m.a nel 1° arch dall'inizio del g. Concludi con 1 m.bss nella 3ª cat.

Step 4: Lav 1 m.bss nell'arch. Lav 4 cat. Lav 2 m.a nell'arch. Lav "1 m.a nelle 11 m. succ, 2 m.a, 2 cat e 2 m.a nell'arch succ". Ripeti da " a" 3 volte in tutto. Lav 1 m.a nelle 11 m. succ. e 1 m.a nel 1° arch dall'inizio del g. Concludi con 1 m.bss nella 3ª cat.

Step 5: Lav 1 m.bss nell'arch Lav 4 cat Lav 2 m.a nell'arch Lav " 1 m.a nelle 15 m. succ., 2 m.a, 2 cat e 2 m.a nell'arch succ." Ripeti da " a" 3 volte in tutto. Lav 1 m.a nelle 15 m. succ e 1 m.a nel 1° arch dall'inizio del g. Concludi lav 1 m.bss nella 3ª cat.

Step 6: Lav 1 m.bss nell'arch. Lav 4 cat. Lav 2 m.a nell'arch. Lav "1 m.a nelle 19 m succ, 2 m.a, 2 cat e 2 m.a nell'arch succ". Ripeti da " a " 3 volte in tutto. Lav 1 m.a nelle 19 m succ. e 1 m.a nel 1° arch dall'inizio del g. Concludi lav 1 m.bss nella 3ª cat.

Step 7: Lav 1 m.bss nell'arch Lav 4 cat Lavora 2 m.a nell'arch. Lav "1 m.a nelle 23 m succ, 2 m.a, 2 cat e 2 m.a nell'arch succ." Ripeti da " a " 3 volte in tutto. Lav 1 m.a nelle 23 m succ. e 1 m.a nel 1° arch dall'inizio del g. Concludi lav 1 m.bss nella 3ª cat.

Step 8: Lav 1 m.bss nell'arch. Lav 4 cat. Lav 2 m.a nell'arch. Lav "1 m.a nelle 27 m succ, 2 m.a, 2 cat e 2 m.a nell'arch succ." Ripeti da " a " 3 volte in tutto. Lav 1 m.a nelle 27 m succ. e 1 m.a nel 1° arch dall'inizio del g. Concludi lav 1 m.bss nella 3ª cat.

Step 9: Lav 1 m.bss nell'arch. Lav 4 cat. Lav 2 m.a nell'arch. Lav "1 m.a nelle 31 m succ, 2 m.a, 2 cat e 2 m.a nell'arch succ." Ripeti da " a " 3 volte in tutto. Lav 1 m.a nelle 31 m succ. e 1 m.a nel 1° arch dall'inizio del g. Concludi lav 1 m.bss nella 3ª cat. Taglia il filo.

Inserisci i col. A & B nell'arch. (foto)

Step 10: Lav 1 m.bss nell'arch. Lav 4 cat. Lav 2 m.a nell'arch. Lav "1 m.a nelle 35 m succ, 2 m.a, 2 cat e 2 m.a nell'arch succ." Ripeti da " a " 3 volte in tutto. Lav 1 m.a nelle 35 m succ. e 1 m.a nel 1° arch dall'inizio del g. Concludi lav 1 m.bss nella 3ª cat.

Step 11: Lav 1 m.bss nell'arch. Lav 4 cat. Lav 2 m.a nell'arch. Lav "1 m.a nelle 39 m succ., 2 m.a, 2 cat e 2 m.a nell'arch succ." Ripeti da " a " 3 volte in tutto. Lav 1 m.a nelle 39 m succ. e 1 m.a nel 1° arch dall'inizio del g. Concludi lav 1 m.bss nella 3ª cat.

Adesso si lavorano i lati:

Step 12: Lav 1 m.bss nell'arch. Lav 4 cat Lav 2 m.a nell'arch. Lav "1 m.a nell 20 m succ., Salta 3 m e lav 1 m.a nelle 20 m succ. Lav 2 m.a, 2 cat e 2 m.a nell'arch succ". Ripeti da " a " 3 volte in tutto. Lav 1 m.a nelle 20 m succ. Salta 3 m 3 lavora 1 m.a nelle 20 m succ. nel 1° arch all'inizio del g. Concludi lav 1 m.bss nella 3ª cat. Taglia il filo.

Inserisci ora solo il col. B nell'arch.

Step 13: Lav 4 cat. Lav 2 m.a nell'arch. (Lav 1 m.a nella 1ª m. "Salta 1m e lav 1m.a. Lav 1 m.a nella m che hai saltato. Lav 1 m.a nella m succ." Ripeti da " a "6 volte in tutto. Lav 2 m.a ins. Salta 2 m e lav 2 m.a ins. Lav 1 m.a nella m succ. " Salta 1 m e lav 1 m.a. Lav 1 m.a nella m che hai saltato. Lav 1 m.a nella m succ. "Ripeti da " a " 6 volte in tutto. Lav 2 m.a, 2 cat e 2 m.a nell'arch succ.) Ripeti (a) in tutto 3 volte

 Lav 1 m.a nella 1ª m. "Salta 1 m e lav 1 m.a. Lav 1 m.a nella m che hai saltato. Lav 1 m.a nella m succ." Ripeti da " a " 6 volte in tutto. Lav 2 m.a insieme. Salta 2 m e lav 2 m.a ins. Lav 1 m.a nella m succ. "Salta 1 m e lav 1 m.a. Lav 1m.a nella m che è stata saltata. Lav 1 m.a nella m succ." Ripeti da " a" 6 volte in tutto. Lav 1 m.a nel 1° arch dall'inizio del g. Concludi lav 1 m.bss nella 3ª cat.

Step 14: Lav 1 m.bss nell'arch. Lav 4 cat. Lav 2 m.a nell'arch. Lav " 1 m.a nelle 19 m succ, lav 2 m.a ins. Salta 2 m e lav 2 m.a ins. Lav 1 m.a nelle 19 m succ. Lav 2 m.a, 2 cat e 2 m.a nell'arch succ." Ripeti da " a" 3 volte in tutto. Lav 1 m.a nelle 19 m succ, lav 2 m.a ins. Salta 2 m e lav 2 m.a. ins. Lav 1 m.a nelle ultime 19 m. Lav 1 m.a nel 1° arch dall'inizio del g. Concludi lav 1 m.bss nella 3ª cat.

Step 15: Lav 1 m.bss nell'arch. Lav 4 cat. Lav 2 m.a nell'arch. Lav " 1 m.a nelle 19 m succ, lav 2 m.a ins. Salta 2 m e lav 2 m.a ins. Lav 1 m.a nelle 19 m succ. Lav 2 m.a, 2 cat e 2 m.a nell'arch succ." Ripeti da " a" 3 volte in tutto. Lav 1 m.a nelle 19 m succ, lav 2 m.a ins. Salta 2 m e lav 2 m.a. ins. Lav 1 m.a nelle ultime 19 m. Lav 1 m.a nel 1° arch dall'inizio del g. Concludi lav 1 m.bss nella 3ª cat.

Step 16 - 27: Ripeti i giri dal 13° al 15°, ancora 4 volte. Ricordati di cambiare colore così come spiegato nelle istruzioni.

Step 28: Lav 1 m.bss nell'arch. Lav 4 cat. Lav 2 m.a nell'arch. Lav "1 m.a nelle 19 m succ, lav 2 m.a ins. Salta 2 m e lav 2 m.a ins. Lav 1 m.a nelle 19 m succ. Lav 2 m.a, 2 cat e 2 m.a nell'arch succ." Ripeti da " a" 3 volte in tutto. Lav 1 m.a nelle 19 m succ, lav 2 m.a ins. Salta 2 m e lav 2 m.a ins. Lav 1 m.a nelle ultime 19 m. Lav 1 m.a nel 1° arch dall'inizio del g. Concludi lav 1 m.bss nella 3ª cat.

Step 29: (ripeti il G 15 solo 1 volta) Lav 1 m.bss nell'arch. Lav 3 cat. Lav 4 m.a nell'arch. Lav " 1 m.a nelle 19 m succ, lav 2 m.a ins. Salta 2 m e lav 2 m.a ins. Lav 1 m.a nelle 19 m succ. Lav 6 m.a nell'arch." Ripeti da " a " 3 volte in tutto. Lav 1 m.a nelle 19 m succ, lav 2 m.a ins. Salta 2 m e lav 2 m.a ins. Lav 1 m.a nelle ultime 19m. Lav 1 m.a nel 1° arch dall'inizio del g. Concludi lav 1 m.bss nella 3ª cat.

Adesso lavoriamo i manici

Continua a lavorare con il col. D

Step 30: Lav 1 m.bss nelle 3 m succ. Lav 1 cat. Lav a m.b nelle 47 m succ. Lav 70 cat e salta alla prossima "punta". Nella 4ª m.a delle 6 m.a dell'arch lav 1 m.b. Lav a m.b nelle 46 m succ. Lav 70 cat e salta alla prossima "punta". Concludi con 1 m.bss nella cat dall'inizio del g.

Lav 1 cat. Lav a m.b in tutte le m e cat del g e concludi con 1 m.bss.

Lav 1 cat. Lav a m.b lungo tutto il g. Concludi con 1 m.bss.

Lav 1 cat. Lav a m.b lungo tutto il g. Concludi con 1 m.bss.

Lav 1 cat. Lav a m.b lungo tutto il g. Concludi con 1 m.bss.

Taglia il filo e assicuralo al lavoro.

Fine 1 giro

Fine 2 giro

Fine 3 giro

Fine 9 giro

Iniz.10 giro

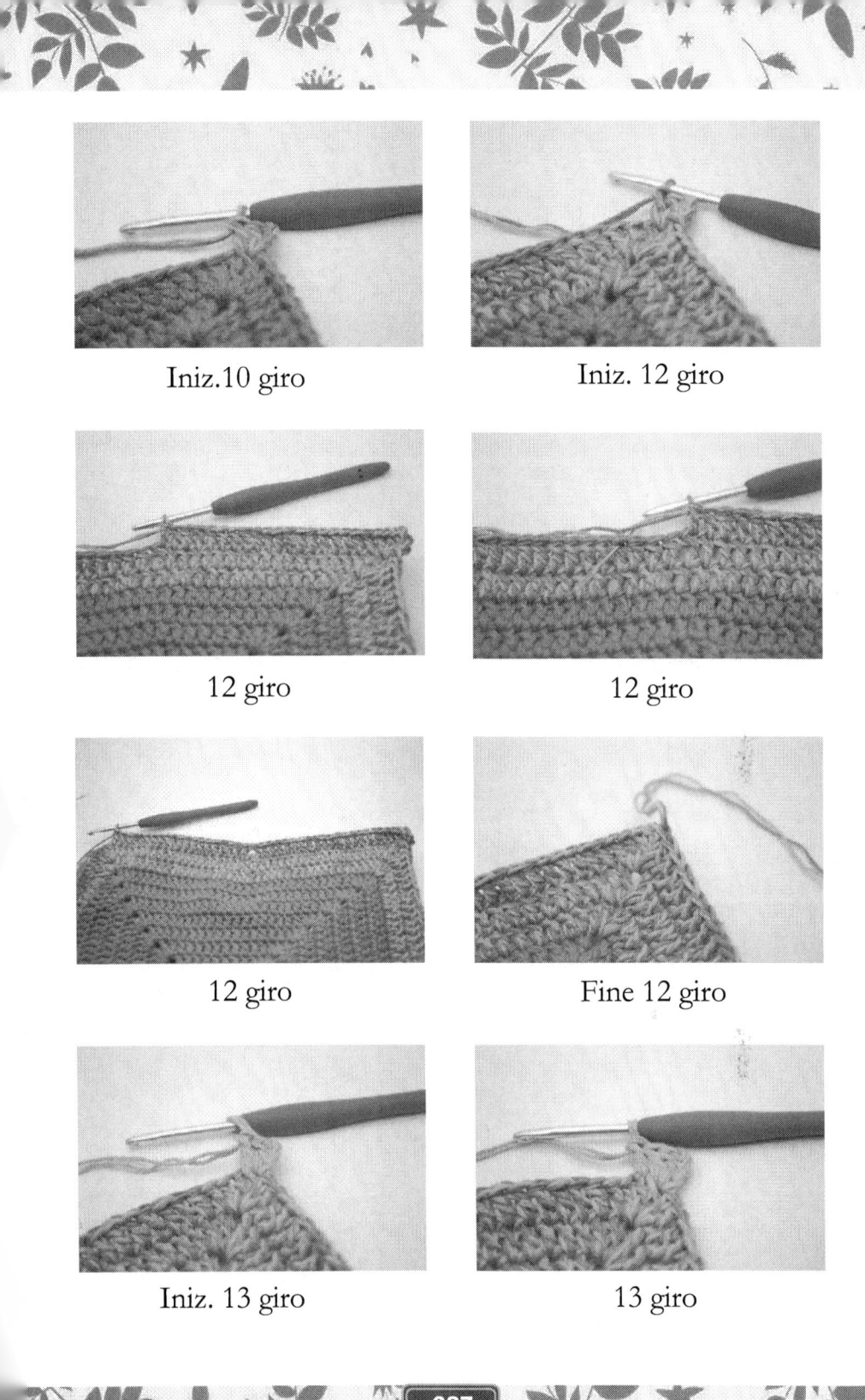

Iniz. 12 giro

12 giro

12 giro

12 giro

Fine 12 giro

Iniz. 13 giro

13 giro

13 giro

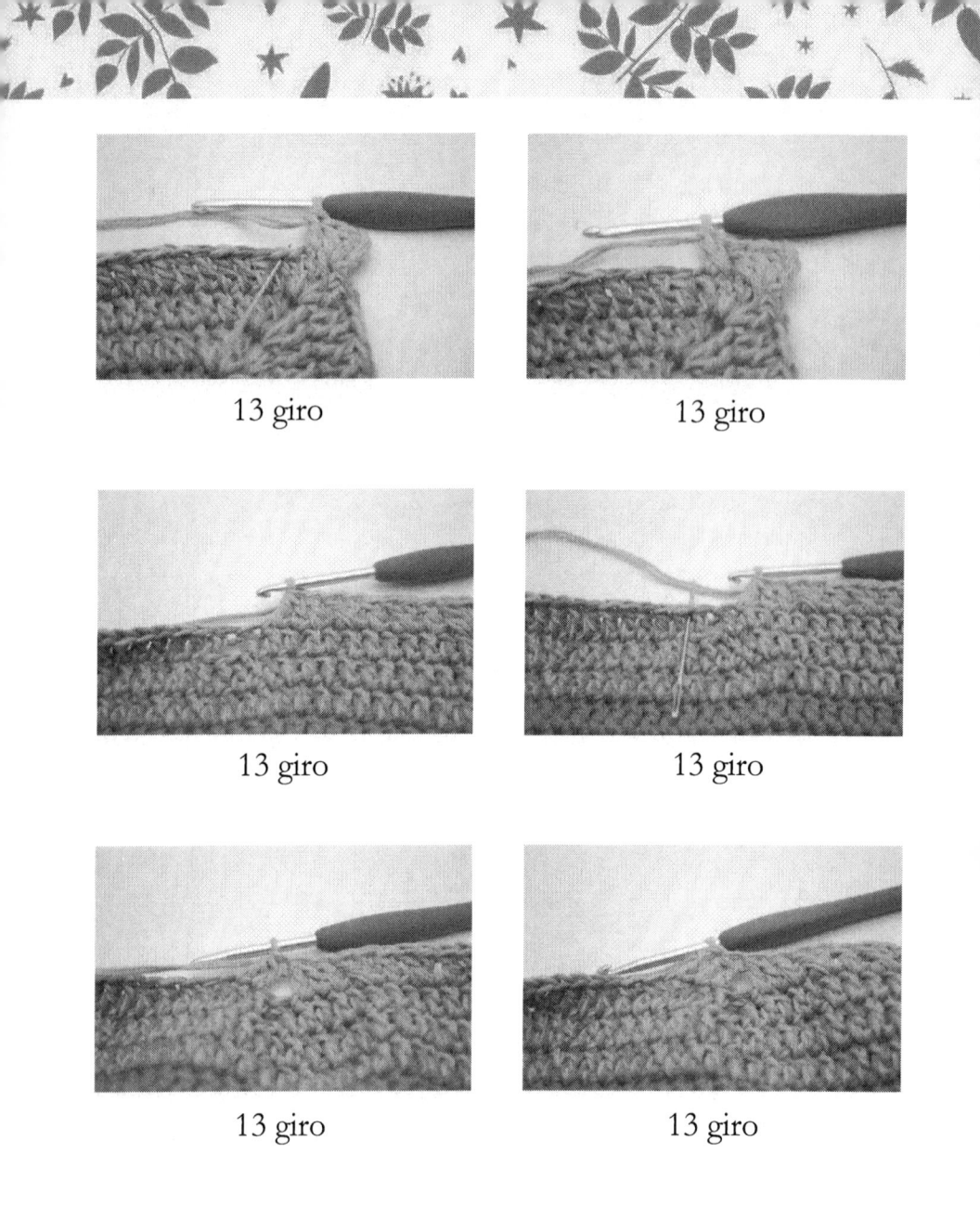

13 giro

13 giro

13 giro

13 giro

13 giro

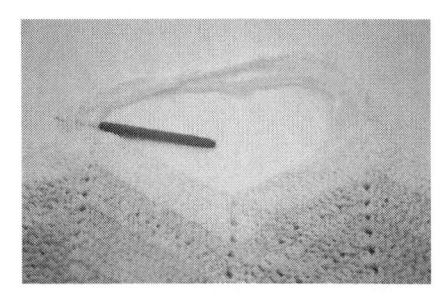

Manici

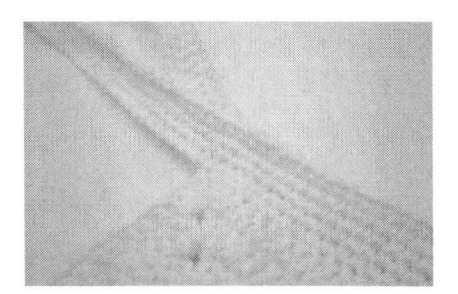

Progetto #18 Copertina Baby

Uncinetto 6.5 mm

Materiale:

filato acrilico ma morbido 400gr

Misure: circa. 81x81 cm

Abbreviazioni:

m : maglia(e)

am : anello magico

cat : catenella

mb : maglia bassa

sp – cat : spazio catenella

Nota:

La coperta è lavorata in tondo, gli angoli possono avere la tendenza ad arricciarsi. Dopo lavata la puoi bloccare per renderla più dritta. l'immagine e' rappresentativa puoi usare i colori che piu' ti agradano.

Procedimento

Inizia con l'anello magico

Step 1: 1 mb nell'anello. *2 cat, 1 mb nell'anello *. Ripetere da *a* 3 volte in totale. Termina il giro con 2 cat.

Step 2: 1 mb nel primo sp-cat. 2 cat, 1 mb nello stesso sp-cat. *1 cat, fare 1 mb, 2 cat, 1 mb nello sp-cat succ*. Ripetere da *a* 3 volte in totale. Termina il giro con 1 cat.

Step 3: 1 mb nel primo sp-cat. 2 cat, 1 mb nello stesso sp-cat. 1cat, mb nello sp-cat succ. *1 cat, fare 1 mb, 2 cat, 1 mb nello sp-cat succ. 1 cat e mb nello sp-cat succ *.Ripetere da *a* 3 volte in totale. Termina il giro con 1 cat.

Step 4: 1 mb nel primo sp-cat. 2 cat e mb nello stesso sp-cat.*1 cat, mb nello sp-cat succ*.   Ripetere da *a* 2 volte in totale [1 cat e fare 1 mb, 2 cat, 1 mb nello sp-cat succ. *1 cat, mb nello sp-cat succ*.   Ripetere da ** 2 volte in totale.]Ripetere da [ ] 3 volte in totale. Termina il giro con 1 cat.

Step 5: 1 mb nel primo sp-cat. 2 cat e mb nello stesso sp-cat.*1 cat, mb nello sp-cat succ* Ripetere da *a* 3 volte in totale.[1 cat e fare 1 mb, 2 cat, 1 mb nello sp-cat succ. *1 cat, mb nello sp-cat succ*. Ripetere da ** 3 volte in totale.] Ripetere da [ ] 3 volte in totale. Termina il giro con 1 cat.

Step 6: 1 mb nel primo sp-cat. 2 cat e mb nello stesso sp-cat. 1 cat, mb nello sp-cat succ*. Ripetere da ** 4 volte in totale.[1 cat e fare 1 mb, 2 cat, 1 mb nello sp-cat succ.* 1 cat, mb nello sp-cat succ *. Ripetere da ** 4 volte in totale.]Ripetere da [ ] 3 volte in totale. Termina il giro con 1 cat.

Step 7: 1 mb nel primo sp-cat. 2 cat e mb nello stesso sp-cat. 1 cat, mb nello sp-cat succ *. Ripetere da ** 5 volte in totale.[1 cat e fare 1 mb, 2 cat, 1 mb nello sp-cat succ. * 1 cat, mb nello sp-cat succ *. Ripetere da ** 5 volte in totale.]Ripetere da [ ] 3 volte in totale. Termina il giro con 1 cat.

Continua in questo modo fino a quando hai 75 giri o i 2 gomitoli sono esauriti. Taglia il filo e intreccia le estremità.

Progetto #19 Berrettino fantasioso

Uncinetto 4,5 mm

Materiale:

Filato Cotone 50% Acrilico 50%
Giallo 1 gomitolo 50gr
Arancio 1 gomitolo 50gr
Rosso 1 gomitolo 50gr
Blu 1 gomitolo 50gr
Turchese 1 gomitolo 50gr
Verde 1 gomitolo 50gr

Abbreviazioni:

cat : catenella

ma : maglia alta

mb : maglia bassa

mbss : maglia bassissima

aum : aumenti

dim : diminuzioni

giunt : giuntare

volt : voltare il lavoro

Note

Per realizzare il Berettino misurare la circonferenza della testa, nel mio caso 52cm che io ho raggiunto con 65 maglie alte. Per realizzare un cappello più grande o più piccolo, aumentare o diminuire in proporzione le maglie alte in base alla misura finale da raggiungere

Procedimento

Inizia con un anello magico (Filo blu)

Lavora 2 cat, 13 ma e 1 m.bss nell'anello
Step 1: giunt. il rosso, 2 cat, 1 aum in ognuna delle 8 ma, 1 m.bss

Step 2: giunt. il verde, 2 cat, ripetere la sequenza di 1 ma e 1 aum per tutto il giro, 1 mbss

Step 3: giunt. il giallo, 2 cat, ripetere la sequenza di 2 ma ed 1 aum per tutto il giro, 1 m.bss

Step 4: giunt. il turchese, 2 cat, ripetere la sequenza di 3ma e 1 aum per tutto il giro, 1 m.bss

Step 5: giunt. l'arancio, 2 cat, fare un giro senza aumenti di 65 mb, 1 m.bss (la circonferenza di questo giro è di circa 42cm,

10cm meno di quella che devo raggiungere, questo perché' il cotone tende a cedere un po' ed è meglio che stia bene aderente che largo)

Step 6: giunt. il blu, 2 cat, 65 ma, 1 mb.ss

Step 7: giunt. il rosso, 2 cat, 65 ma, 1 m.bss

Step 8: giunt. il verde, 2 cat, 65 ma, 1 m.bss

Step 9: giunt. il giallo, 2 cat, 65 ma, 1 m.bss

Step 10: giunt. il tuchese, 2 cat, 65 ma, 1 m.bss

Step 11: giunt. l'arancio, 2 cat, 65 ma, 1 m.bss

Step 12: giunt. il blu', 2 cat, 65 ma, 1 m.bss

Visiera

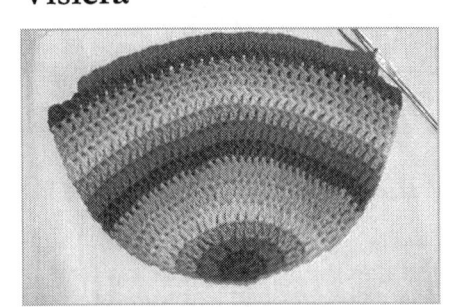

La visiera va lavorata stretta e solo sull'asola interna; fare in modo che sia opposta e simmetrica alla chiusura dei giri.

Step 1: prendere il rosso, 1 cat, 30 mb, 1 cat, volt

Step 2: 2 mb, 1 aum, ripetere la sequenza per tutto il giro, negli ultimi 3 punti lavorare 3 mb, volt

Step 3: giunt. il verde, 1 cat, 1 mb, 1 dim, 33 mb, 1 dim, 1 mb, 1 cat, volt

Step 4: 1 mb, 1 dim, 31 mb, 1 dim, 1 mb, volt

Step 5: giunt. il giallo, 1 cat, 1 mb, 1 dim, 29 mb, 1 dim, 1 mb, 1 cat, volt

Step 6: 1 mb, 1 dim, 27 mb, 1 dim, 1 mb, volt

Step 7: giunt. il turchese, 1 cat, 1 mb, 1 dim, 25 mb, 1 dim, 1 mb, 1 cat, volt

Step 8: 1 mb, 1 dim, 23 mb, 1 dim, 1 mb, volt

Step 9: giunt. l'arancio, 1 cat, 1 mb, 1 dim, 21 mb, 1 dim, 1 mb, 1 cat, volt

Step 10: 1 mb, 1 dim, 19 mb, 1 dim, 1 mb

Tagliare tutti i fili e chiudere con nodini

Adesso eseguire una visiera uguale sulle asole esterne. Tagliare i fili e nascondere le code

Rifiniture - Cuciture

Bordino del Cappello

Prendere il colore che preferite e fare un giro di mb partendo dal dietro del cappello che oltre ad essere di rifinitura cucirà anche insieme le 2 visiere, Nel fare questo non lavorare la maglia che precede la visiera e quella che la succede

Progetto # 20 Zainetto

Uncinetto 5 mm,

Materiale:

Cotone 100%

Azzurro 4 gomitoli 50gr cad1
Beige 2 gomitoli 50gr cad1

1 zip di 55 cm (minimo)

1 zip di 18 cm (minimo)
2 metri di nastro di nailon per le spalle
Ago, forbici, filo.

Misure. Larghezza: 25 cm / Altezza: 30 cm / Profondità: 15 cm

Abbreviazioni:
cat. : catenella
mb : maglia bassa
mbss : maglia bassissima
g : giro
r : Riga
m : Maglia

Procedimento
Avviare un numero di maglie pari.

G1: 1mb nella 2ªCat dall'uncinetto, *1Cat, pass 1cat, 1mb nella cat succ. *, rip. da * a * fino alla fine e girare.

G2: 1cat, saltare la prima mb, *1mb nello spazio, 1cat, saltare 1mb*, rip. da * a * fino alla fine, 1mb nell'ultima cat, girare.

G3 e successivi: Rip. **G2**. Vedi Grafico

Grafico A

Come eseguire il lavoro

Lo zaino è formato da diverse parti lavorate tutte con l'uncinetto da 5mm. Ciascuna parte ha un bordo lavorato come spiegato nello schema. Assemblare lo zaino con le spalle e le zip, cucendo a mano o a macchina. Lavorare tutte le parti dello zaino a righe avanti e indietro, ad eccezione della tasca, spiegata nel modello.

Campione a Motivo: 10 x 10 cm = 15 **m.** x 15 **r.** con l'uncinetto da 5mm

Davanti

Azzurro

avviare 40 Cat.

Dalla **R.1-R.40** lavorare a **motivo.**

R.41: 2cat, saltare le prime 3 maglie (si lavora nel secondo spazio libero della riga precedente), *1mb, 1cat, saltare 1mb*, rip. da * a * fino alla fine, 1mb nell'ultima cat, girare.

R.42: 2cat, saltare le prime 3 maglie, *1mb, 1cat, saltare 1mb*, rip. da * a * fino alla fine, 1mb nello spazio tra le prime 2 cat. della R precedente.

R.43-R.49: rip. la **R.42**.
Con il Beige lavorare 161 mb attorno al lavoro, formando un bordo che termina con 1 mbss (39 m. sulla parte inferiore del lavoro, 40 m. su ciascun lato, 10 m. sulla parte obliqua e 22 sulla parte superiore).

Con il Beige lavorare 161 mb attorno al lavoro, formando un bordo che termina con 1 mbss (39 m. sulla parte inferiore del lavoro, 40 m. su ciascun lato, 10 m. sulla parte obliqua e 22 sulla parte superiore).

Dietro

Lavorare come il davanti dello zaino. Cucire le spalle in nylon alla misura desiderata, in modo che la parte che avanza rimanga all'interno del lavoro.

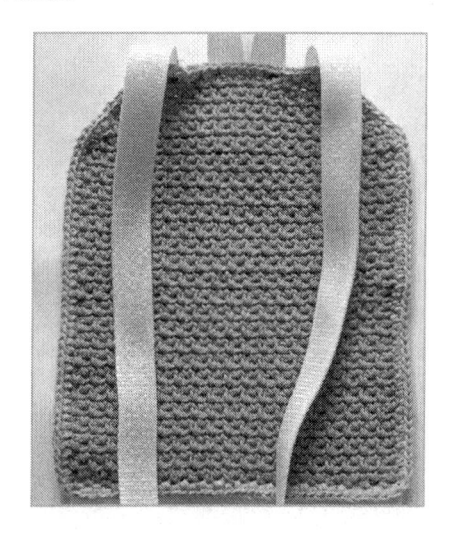

Parte inferiore

Con il filato azzurro avviare 40 Cat.

Dalla **R.1-R.12**: lavorare a **Motivo**.
Con il filato beige lavorare 102 mb attorno al lavoro, formando un bordo che termina con 1 mbss (39 maglie sulla parte inferiore e superiore e 12 su ciascun lato).

Lati

Con il filato azzurro avviare 12 Cat.
Dalla **R.1-R.18**: lavorare a **Motivo**.

Con il filato beige lavorare 58 mb attorno al lavoro, formando un bordo che termina con 1 mbss (11 maglie sulla parte inferiore e superiore e 18 su ciascun lato).

Realizzare due parti uguali.

Parte superiore

Con il filato azzurro avviare 80 Cat.
Dalla **R.1-R.4**: lavorare a motivo.
Realizzare due parti uguali. Unire entrambe le parti cuciendo tra loro la zip grande.

Con il filato beige lavorare 182 mb attorno al lavoro, formando un bordo che termina con 1 mbi. (79 maglie sulla parte inferiore e superiore e 12 su ciascun lato).

Tasca

Con il filato beige avviare 32 Cat.

Dalla **R.1-R.22**: lavorare a **Motivo**.

Lavorare 106 mb attorno al lavoro, formando un bordo che termina con 1 mbss (31 maglie sulla parte inferiore e superiore e 22 su ciascun lato). Su questo bordo, lavorare in tondo i seguenti giri:

G1: 1 Cat, lavorare tutto il g. a mb prendendo solo il filo di dietro, terminare con 1mbss.

G2: 1Cat, lavorare tutto il g. a mb, a eccezione della parte superiore del lavoro, in cui avremo 2 mb, 23 cat, 2 mb. Terminare il g. con 1 mbss.

G3: 1cat, lavorare tutto il g. a mb, terminando con 1 mbss. Cucire la zip piccola nello spazio di 27 cat del g. 2 del bordo. Con un ago, cucire la tasca sulla parte anteriore dello zaino, all'altezza desiderata.

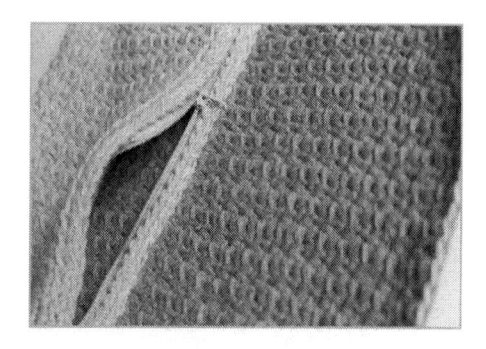

Assemblaggio dello zaino

Cucire la parte inferiore dello zaino alla parte anteriore, posteriore e ai lati. Tenere conto che mentre si uniscono le parti, le spalle devono rimanere sulla parte esterna dello zaino.

Cucire la parte anteriore e la parte posteriore dello zaino alle parti laterali. Cucire infine la parte superiore dello zaino con la zip alle parti del davanti, del dietro e ai lati dello zaino. Ovviamente le combinazioni di colori possono essere come si desidera.

Progetto #21 Top per bambina

Uncinetto nr 3,5 mm

Materiale:

Cotone 100% da 8/4

Colore del filato a piacere
3 (3, 3, 4) gomitoli 50 g

Bottoni

Abbreviazioni:

cat: catenella
mb: maglia bassa
ma: maglia alta
mbss: maglia bassissima
traforo: 1 cat, salta 1 m, 1 ma.
sp-cat: spazio catenella

Taglie
2 (4, 6, 8) anni

Misure
Larghezza: (30 (32, 34, 36) cm)
Lunghezza: (38 (41, 44, 47) cm)

Informazioni del modello

Il top è lavorato dal basso e avanti e indietro a maglia alta. Un motivo traforato è lavorato sul davanti e ogni spalla ha due bottoni.

Nota: Le maglie alte vengono lavorate nelle ma, tranne con lo sp-cat in cui la ma viene lavorata nel traforo, quindi il traforo viene migliorato. Questo non è descritto nel grafico.

Procedimento
Davanti

Lavora 53 (57, 61, 65) cat e gira con 2 cat. Girare ogni giro con 2 cat.
Lavora ma fino a quando il lavoro misura (21 (23, 25, 27) cm). Segna il punto medio.

Lavora secondo il diagramma del modello o seguire il modello scritto di seguito.

Lavorare il motivo traforato in questo modo:

1. giro: lavora 26 (28, 30, 32) ma, 1 cat, salta 1 m, 26 (28, 30, 32) m = 1 traforo.

2. giro: lavora 25 (27, 29, 31) ma, 1 cat, salta 1 m, 1 ma, 1 cat, salta 1 m, 25 (27, 29, 31) ma = 2 trafori.

3. giro: 24 (26, 28, 30) ma, 1 cat, salta 1 m, 3 ma, 1 cat, salta 1 m, 24 (26, 28, 30) ma = 2 trafori.

Giro: lavora 23 (25, 27, 29) ma, 1 cat, salta 1 m, 1 ma nello sp-cat, 3 ma, 1 ma nello sp-cat, 1 cat, salta 1 m, 23 (25, 27, 29) ma = 2 trafori.

Giro: lavora 22 (24, 26, 28) ma, 1 cat, salta 1 m, 1 ma nello sp-cat, 2 ma, 1 cat, salta 1 m, 2 ma, 1 ma nello sp-cat, 1 cat, salta 1 m, 22 (24, 26, 28) ma = 3 trafori.

NOTA: nel 60° giro vengono creati gli scalfi.

Scalfi

Giro: lavora 7 (8, 9, 10) mbss per lo scalfo, 3 cat, 13 (15, 17, 19) ma, 1 cat, salta 1 m, 1 ma nello sp-cat, 2 ma, 1 cat, salta 1 m, 1 ma nello sp-cat, 1 cat, salta 1 m, 2 ma, 1 ma nello sp-cat, 1 cat, salta 1 m, 13 (15, 17, 19) ma = 4 tarfori.

NOTA:
Le ultime 7 (8, 9, 10) m sono dello scalfo e quindi vanno saltate. Gira con 2 cat.

Giro: lavora 12 (14, 16, 18) ma, 1 cat, salta 1 m, 1 ma nello sp-cat, 2 ma, 1 cat, salta 1 m, 1 ma nello sp-cat, 2 ma, 1 cat, salta 1 m, 2 ma, 1 ma nello sp-cat, 1 cat, salta 1 m, 12 (14, 16, 18) ma = 4 trafori.

Giro: lavora 11 (13, 15, 17) ma, 1 cat, salta 1 m, 1 ma nello sp-cat, 2 ma,
1 cat, salta 1 m, 1 a nello sp-cat, 3 ma, 1 ma nello sp-cat, 1 cat, salta 1 m, 2 ma, 1 ma nello
sp-cat, 1 cat, salta 1 m, 11 (13, 15, 17) ma = 4 trafori.

Giro: lavora 10 (12, 14, 16) ma, 1 cat, salta 1 m, 1 ma nello sp-cat, 2 ma,
1 cat, salta 1 m, 1 ma nello sp-cat, 5 ma, 1 ma nello sp-cat, 1 cat, salta 1 m, 2 ma, 1 ma nello
sp-cat, 1 cat, salta 1 m, 10 (12, 14, 16) ma = 4 trafori.

Continua in questo modo il motivo con 1 maglia in meno su ciascun lato e altre 2 maglie al centro fino a quando il lavoro misura 6 cm dallo scalfo.

Scollatura e spalline

Lavora 9 (10, 11, 12) ma per la spallina, gira con 2 cat e lavorare fino a quando il lavoro misura (38 (41, 44, 47) cm). Intrecciare le m.

Salta 21 ma e lavora 9 (10, 11, 12) ma per la spallina. Gira con 2 cat e lavora come hai fatto con la prima spallina. Intrecciare le m.

Dietro

53 (57, 61, 65) cat e gira con 2 cat. Girare ogni giro con 2 cat.

Lavorare fino a quando il lavoro misura lo stesso del davanti allo scalfo.

Scalfo

Lavora 7 (8, 9, 10) mbss, lavora ma fino a quando hai 7 (8, 9, 10) m, gira con 2 cat = 39 (41, 43, 45) m. Lavorare fino a quando il lavoro misura 10 (11, 12, 13) cm) dallo scalfo.

Scollatura e spalline

Lavora 9 (10, 11, 12) ma per la spallina, gira con 2 cat e lavora fino quando il lavoro misura (39 (42, 45, 48) cm). Intrecciare le m.

NOTA: l'ultimo cm è per il bottone.

Salta 21 m e lavora 9 (10, 11, 12) ma per la spallina. Gira con 2 cat e lavora come hai fatto con la prima spallina. Intrecciare le m.

Assemblaggio

Cuci o lavora all'uncinetto le cuciture laterali insieme. Lavorare 1 giro di mb attorno al bordo degli scalfi, le spalline, il davanti e il dietro mentre si lavorano 2 asole per i fori del bottone sulle spalline del davanti in questo modo:

Fori per i bottoni: Lavora 1 mb, 3 cat, salta 2 m, lavora 1 (2, 3, 4) mb, 3 cat, salta 3 m, 1 mb. Cucire i bottoni sulle spalline posteriori.

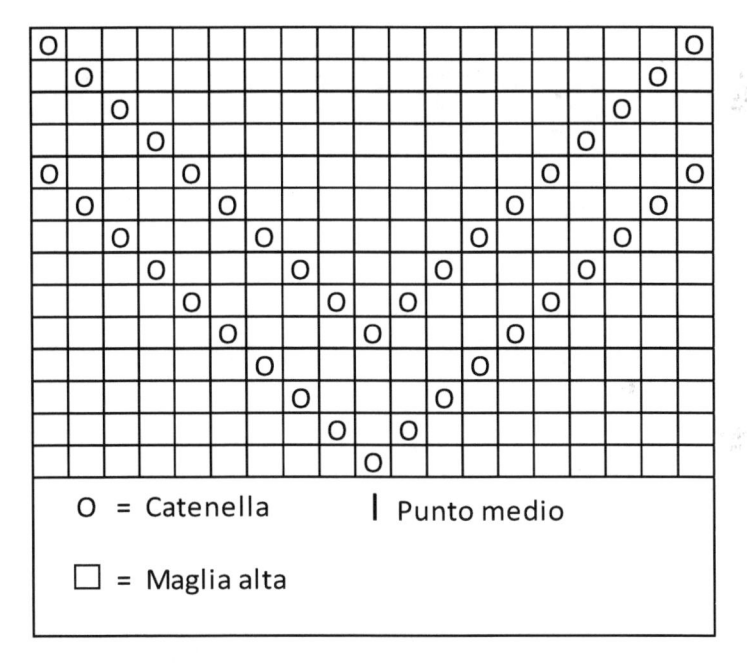

O = Catenella
| = Punto medio
☐ = Maglia alta

Lavora le ma nel traforo/sp-cat al giro successivo.

Progetto # 22 Scalda mani

Uncinetto 4 mm

Materiale:

filato cotone grosso

blu multicolore circa 100 (115) gr

Taglie: S/M (M/L)

Circonferenza: Circa 18-20 (20-22) cm

Lunghezza: Circa 21.5 cm

Abbreviazioni:
cat: Catenella
m : Maglia(e)
mb : Maglia bassa
mma : Mezza maglia
maRdav: Maglia alta in rilievo sul davanti
maRdtr : Maglia alta in rilievo sul di dietro

Note:
1 Cat all'inizio di ogni giro - Questa non conta come maglia, né conta nel totale delle m. Termina tutti i giri con una m.bss nella prima maglia, non nella catenella.
Potresti voler usare un uncinetto più grande per la catenella di base per evitare che il bordo risulti stretto.

Procedimento

Avviare 32 (34) Cat chiudere con una m.bss nella prima cat. 1 Cat ed inclina leggermente la cat di base.
 Lavora nelle asole orizzontale che appaiono. Lavora a mma e termina con una m.bss. = 32 (34)

Step 1-21:Cat 1. "Lavora 1 maRdav intorno alla prima m, lavora 1 "maRdtr intorno alla m succ". Ripeti "da" fino alla fine del giro. Termina con una m.bss.= 32 (34)

Step 22: Cat 1. "Lavora 1 maRdav intorno alla prima m, lavora 1 maRdtr intorno alla m succ". Ripeti "da" 7 (7) volte in totale. Lavora 1 maRdav intorno alla m succ.
3 Cat e salta 3 m. "Lavora 1 maRdav intorno alla m succ, lavora 1 maRdtr intorno alla m seguente. Ripeti "da" 7 (8) volte in totale. Termina con una m.bss.= 32 (34)

Step 23: Cat 1. "Lavora 1 maRdav intorno alla prima m, lavora 1 maRdtr intorno alla m succ". Ripeti "da" 7 (7) volte in totale. Lavora 1 maRdav intorno alla m succ. Lavora 1 mma nelle succ 3 cat.
"Lavora 1 maRdav intorno alla m succ, lavora 1 maRdtr intorno alla m seguente. Ripeti "da" 7 (8) volte in totale. Termina con una m.bss.= 32 (34)

Step 24-31: Cat 1. "Lavora 1 maRdav intorno alla prima m, lavora 1 maRdtr intorno alla m succ". Ripeti "da" fino alla fine del giro. Termina con una m.bss.= 32 (34)

Step 32: Cat 1. Lavora a mb e termina con una m.bss.= 32 (34). Taglia il filo e nascondilo.

Realizzane 1 identico a questo.

Step 1

Giro 2

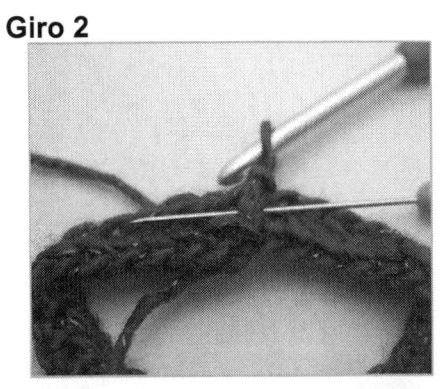

Step 22

Step 32

Progetto # 23 Pareo

Uncinetto 3,5 mm

Materiale:

Filato Cotone (sfumato)

Acqua marina 1 (1, 1) gomitolo necessario: circa 100 (150, 200) g

Modello
6 m e 3 giri = circa 3 cm di larghezza e 2,5 cm di altezza

Abbreviazioni:

cat: catenella
mb: maglia bassa
ma: maglia alta
sp-cat: spazio catenella

Taglie

XS/S (M/L, XL/XXL)
Le corde laterali possono regolare le taglie.

Misure
Larghezza: 100 (120, 140) cm
Lunghezza: 30 (35, 40) cm

Informazioni del modello
Il pareo è lavorato all'uncinetto dall'alto verso il basso e termina con delle conchiglie. Le corde sono lavorate alla fine.

Procedimento

Avviare 211 (253, 295) cat. Gira con 1 cat. Fare 1 giro di mb.

Inizio dello schema

Step 1: (1) - gira con 6 cat, 1 mb nella 4a cat all'uncinetto, 3 cat, saltare 2 m, 1 ma,*3 cat, saltare 2 m, 1 mb, 3 cat, saltare 2 m, 1 ma*, ripetere da * a * fino alla fine del giro= 35 (42, 49 m.

Step 2: (2) - gira con 4 cat, *1 mb nello sp-cat, 3 cat, 1 mb nello sp-cat, 1 cat, 1 ma (nella ma succ), 1 cat*, ripetere da * a *, termina con 1 ma nella 3a cat dall'inizio del giro.

Step 3: (3) - gira con 3 cat, *5 ma nello sp-cat, 1 ma (nella ma succ)*, ripetere da * a *, termina con 1 ma nella 2a cat dell'inizio del giro (o nella catenella-sp).

Step 4: (4) - gira con 6 cat, *1 mb nel mezzo della ma, 3 cat, 1 ma (nella ma succ), 3 cat*, ripetere da * a *, termina con 1 ma nella 3a cat dall'inizio del giro. (o nella catenella-sp).

Ripetere i giri 2-4 until fino a quando il lavoro misura 30 (35, 40) cm o fino alla lunghezza desiderata. Termina con il 3 giro con il motivo a conchiglia. Intrecciare alle estremità.

Diagramma

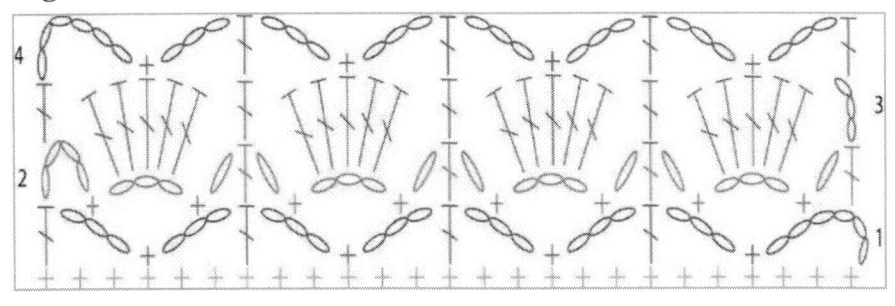

mb +
cat ◯
ma ┼

Corde

Con il pareo sul diritto del lavoro, posizionare il filo a sinistra del pareo. 200 cat (circa) e fare 1 mb in ogni catenella, fare 1 giro lungo il bordo del pareo. Sul diritto del lavoro, dall'altra parte del pareo fare l'altra corda simile alla prima. Intrecciare alle estremità.

Passa il ferro da stiro su tutti i bordi e i lacci.

Progetto # 24 Cappelli per Lady

Uncinetto 3,5mm

a) Cappello a tesa corta
b) Cappello a tesa larga

Materiale:

Filato in viscosa

a) **Nocciola chiaro** 2 gomitoli 50gr cad1
   Nero 1 gomitolo 50gr
b) **Rosso chiaro** 3 gomitoli 50gr cad1
   Nero 1 gomitolo 50gr

Marcapunti

Abbreviazioni:

cat : catenella
m : maglia
mb : maglia bassa
mbss : maglia bassissima
mru : maglia rasata a uncinetto: mb, lavorando al centro della mb del g. precedente
rip : ripetere
succ : successivo
g(i) : giro(i)

Taglia Unica

Il cappello si lavora in 3 parti:

Coppa – Banda - Tesa

Note:
Si lavora in tondo e a spirale. Usare il marcapunti nella prima m di ogni r. Le rip ** si lavorano fino a finire la riga completa.
Importante: Realizzare un campione prima di cominciare il cappello, controllando di avere la corretta tensione e cambiando uncinetto se necessario. Lavorare i punti della maglia rasata a uncinetto molto morbidamente per poter entrare facilmente nella parte centrale di ogni punto e ottenere la misura corretta.

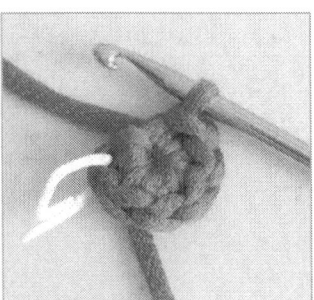

Procedimento

Coppa

a) col nocciola, **b)** col rosso realizzare un anello magico
Step 1: lavorare al suo interno 1cat, 6mb (6m)
Step 2: 2 mru in ogni m (12 m).

Step 3: *1 mru, 2 mru nella m succ *, rip ** (18m)

Step 4: *2 mru, 2 mru nella m succ *, rip ** (24m).

Step 5: *3 mru, 2 mru nella m succ *, rip ** (30m).

Step 6: *4 mru, 2 mru nella m succ *, rip ** (36m).

Step 7: *5 mru, 2 mru nella m succ *, rip ** (42m).

Step 8: *6 mru, 2 mru nella m succ *, rip ** (48m).

Step 9: *7 mru, 2 mru nella m succ *, rip ** (54m).

Step 10: *8 mru, 2 mru nella m succ *, rip ** (60m).

Step 11: *9 mru, 2 mru nella m succ *, rip ** (66m).

Step 12: *10 mru, 2 mru nella m succ *, rip ** (72m).

Step 13: *11 mru, 2 mru nella m succ *, rip ** (78m).

Step 14: *12 mru, 2 mru nella m succ *, rip ** (84m).

Step 15-20: 84 mru.

Step 21: *13 mru, 2 mru nella m succ *, rip ** (90m).

Step 22-23: 90 mru.

Step 24: *14 mru, 2 mru nella m. succ. *, rip ** (96 m).

Step 25-28: 96 mru, tagliare il filo e passare al col nero nell'ultima m. della r.

Banda

Step 29-31: 96 mru.

Step 32: *15 mru, 2 mru nella m. succ *, rip ** (102m).

Step 33-34: 102 mru.

Step 35: *16 mru, 2 mru nella m. succ *, rep ** (108p).

Step 36-38: 108 mru, tagliare il filo e passare al
a) col. Nocciola **b)** col. Rosso nell'ultima m. della r.

Tesa

Step 39: *8 mru, 2 mru nella m. succ. *, rip ** (120m).

Step 40-46: 120mry.

Step 47: *19 mru, 2 mru nella m succ *, rip ** (126m)

a)
Lavorare 1mbss nella m. succ.

Tagliare il filo, chiudere e nascondere tutti i fili.

b)
Step 48: 13 mru, 2 mru nella m succ *, rip ** (135m).

Step 49: 135mru.

Step 50: *14mru, 2 mru nella m succ.*, rip ** (144m).

Step 51: 144mru.

Step 52: *15mru, 2 mru nella m succ *, rip ** (153m).

Step 53-55: 153mru.

Step 56: *16mru, 2 mru nella m succ *, rip ** (162m).

Step 57: 162mru.

Lavorare 1mbss nella m. succ.

A

B

Progetto #25 Borsa da spiaggia

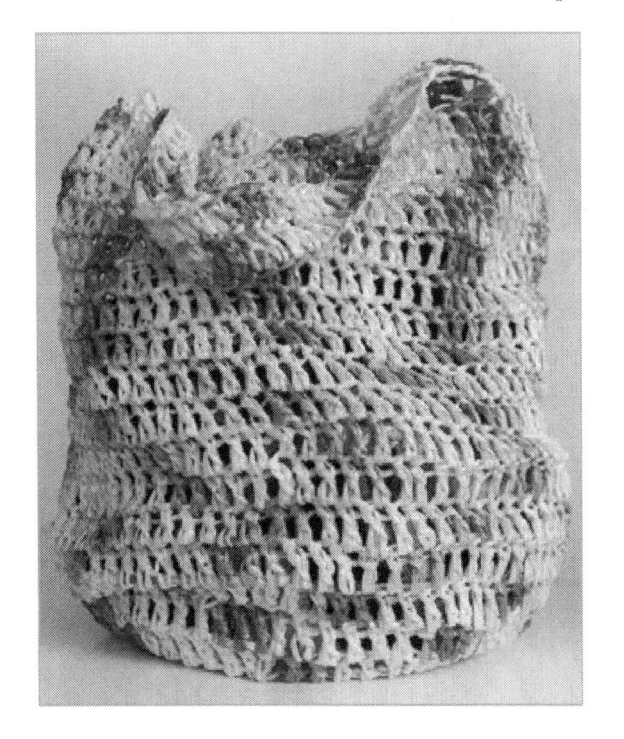

Uncinetto nr 7

Materiale:

Rafia 4 gomitoli
Dimensioni: H 35 x L 30 cm

Abbreviazioni:
cat : catenella
mb : maglia bassa
ma : maglia alta
am : anello magico

Procedimento

Inizia con un anello magico.

Lavora 9 mb nell'anello

Step 1: 2 ma in ogni mb del giro precedente

Step 2: *1 ma nella prima ma del giro precedente, 2 ma nella ma successiva. Ripetere da * fino alla fine

Step 3: *1 ma in ciascuna delle 2 ma del giro precedente, 2 ma nella ma successiva. Ripetere da * fino alla fine

Step 4: *1 ma in ciascuna delle 3 ma del giro precedente, 2 ma nella ma successiva. Ripetere da * fino alla fine

Step 5: *1 ma in ciascuna delle 4 ma del giro precedente, 2 ma nella ma successiva. Ripetere da * fino alla fine

Step 6: *1 ma in ciascuna delle 5 ma del giro precedente, 2 ma nella ma successiva. Ripetere da * fino alla fine

Step 7: *1 ma in ciascuna delle 6 ma del giro precedente, 2 ma nella ma successiva. Ripetere da * fino alla fine

Step 8: *1 ma in ciascuna delle 7 ma del giro precedente, 2 ma nella ma successiva. Ripetere da * fino alla fine

Step 9-22: 1 ma in ciascuna ma del giro precedente.

Step 23: 40 cat, saltare 22 ma del giro precedente, 1 ma in ciascuna delle 9 ma del giro precedente, 40 cat, saltare 22 ma del giro precedente, 1 ma in ciascuna delle 9 ma del giro precedente

Step 24: 1 ma in ognuna della 40 cat, 1 ma in ciascuna delle 9 ma del giro precedente, 1 ma in ognuna delle 40 cat, 1 ma in ciascuna della 9 ma del giro precedente

Step 25: 1 ma in ognuna delle ma del giro precedente.

Chiudere.

Conclusioni

Ora che sei giunto al termine di questo manuale, hai avuto modo di scoprire le origini di questa antica arte e, soprattutto, il suo ritorno in auge grazie alla sua sempre più ampia diffusione sul web.
Quest'ultimo ha fatto in modo che un hobby considerato da molti "da nonna", arretrato e noioso, sia invece diventato di moda e considerato come un passatempo trendy e rilassante se non addirittura, in alcuni casi, una professione.

All'interno della guida hai avuto delle informazioni aggiuntive su elementi quali i punti decorativi, che aggiunti alla costanza, la pazienza e la voglia di fare, ti consentiranno di rendere i tuoi progetti sempre più originali.

Ricorda inoltre di memorizzare la terminologia e le abbreviazioni: le ritroverai sempre nei progetti proposti in qualsiasi blog; in questo modo sarai in grado di realizzare qualsiasi progetto con facilità.

Detto questo, non rimane che dare inizio alle tue creazioni!

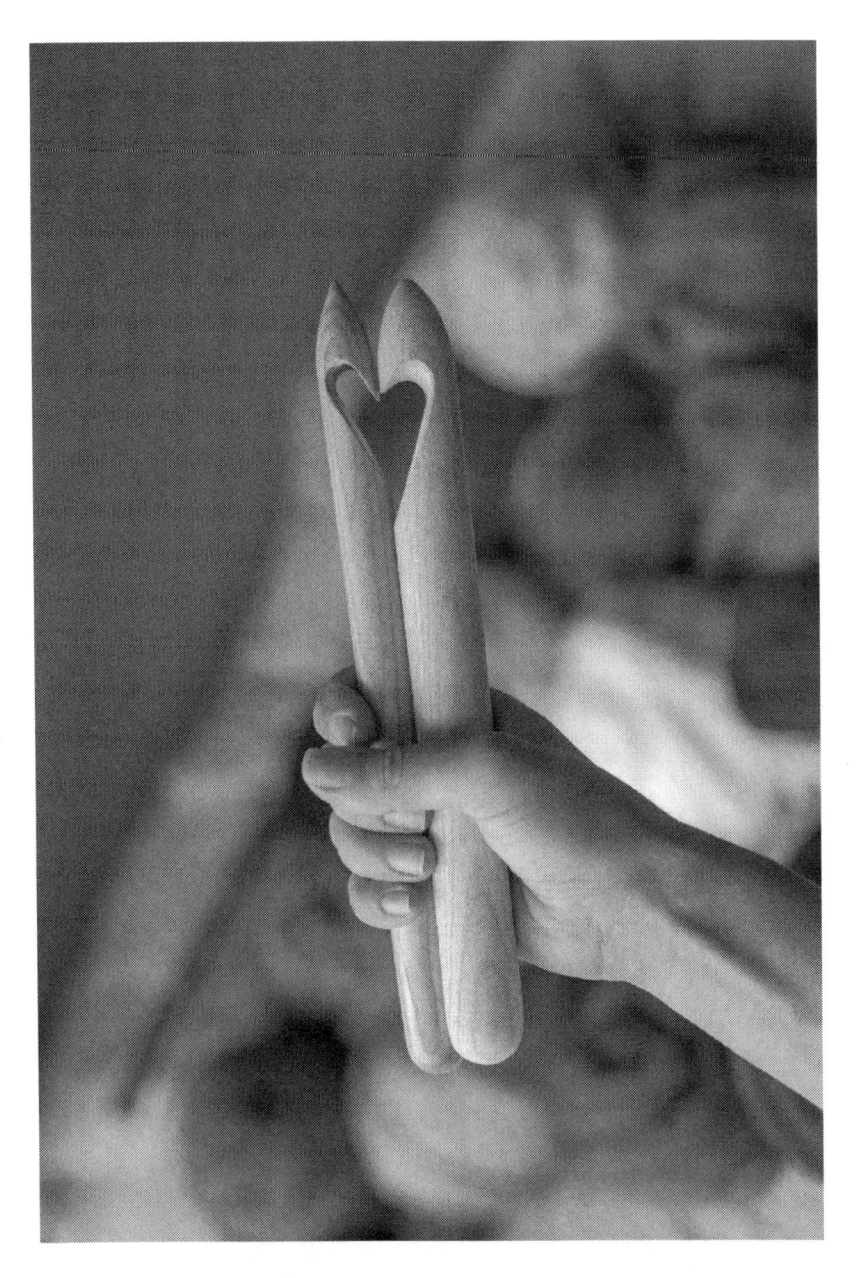

Buon divertimento !

Printed by Amazon Italia Logistica S.r.l.
Torrazza Piemonte (TO), Italy